农产品供应链中主体间质量安全信息的传递机理研究

古 川 著

中国财经出版传媒集团

经济科学出版社

Economic Science Press

图书在版编目（CIP）数据

农产品供应链中主体间质量安全信息的传递机理研究/
古川著．—北京：经济科学出版社，2016.9
ISBN 978 - 7 - 5141 - 7226 - 3

Ⅰ．①农…　Ⅱ．①古…　Ⅲ．①农产品 - 供应链管理 -
质量管理 - 安全管理 - 研究　Ⅳ．①F724.72

中国版本图书馆 CIP 数据核字（2016）第 209884 号

责任编辑：赵泽蓬
责任校对：王苗苗
责任印制：邱　天

农产品供应链中主体间质量安全信息的传递机理研究
古　川　著
经济科学出版社出版、发行　新华书店经销
社址：北京市海淀区阜成路甲 28 号　邮编：100142
总编部电话：010 - 88191217　发行部电话：010 - 88191522
网址：www.esp.com.cn
电子邮件：esp@esp.com.cn
天猫网店：经济科学出版社旗舰店
网址：http://jjkxcbs.tmall.com
北京万友印刷有限公司印装
710×1000　16 开　11.25 印张　200000 字
2016 年 9 月第 1 版　2016 年 9 月第 1 次印刷
ISBN 978 - 7 - 5141 - 7226 - 3　定价：36.00 元
（图书出现印装问题，本社负责调换。电话：010 - 88191502）
（版权所有　侵权必究　举报电话：010 - 88191586
电子邮箱：dbts@esp.com.cn）

　　感谢国家自然科学基金青年项目（71403087）的
资助。

目　　录

第一章

绪　　论

1.1　研究背景

在我国经济飞速发展和人们生活水平普遍提高的大背景下，人民群众对农产品消费的关注点逐渐从"量"转向"质"，质量问题特别是质量问题中最基本的安全问题，成为当前社会的焦点话题。我国频频发生的农产品质量安全问题，例如"三聚氰胺"事件、双汇"瘦肉精"事件，以及其他蔬菜农药残留超标、肉类抗生素超标、违法使用非食品添加剂和保鲜剂等问题，导致消费者不信任农产品的质量，不敢放心地消费农产品。

质量安全问题产生的原因是多方面的，从经济学理论上来说，本质原因在于信息不对称，再加上我国农产品供应链中信息技术水平较低，信息传递涉及主体多，进一步导致了质量安全信息不能准确、及时、完全地传递，加剧了信息不对称。从供应链管理的角度看，目前我国农产品在生产、加工、运输、销售等环节都存在严重的质量安全隐患，造成了农产品的质量安全问题频发的情况。因此，需要探索与质量安全相关的信息在供应链中的生产者、销售商和消费者之间适宜的管理协调机制。并且当前农产品质量安全相关的研究已成为热点，本书的研究动机就是从以下的大背景中产生的。

1.1.1　农产品质量安全影响越来越大

我国是农业生产大国，农业在国民经济中占据着十分重要的地位，经过新中国成立60多年，特别是改革开放30多年来的发展，我国农业取得了巨大的进步，粮食的供给问题基本得到解决，食品质量稳步提高。但是，现阶段质量安全形势不容乐观，农产品安全事件层出不穷，影响程度也越来越难以控制。例如臭名卓著的"三聚氰胺"事件，严重危害了人们健康，特别是给婴幼儿成长带来了严重伤害，事件直到今天仍未完全平息，此事件重创了中国乳制品产业，国产奶粉在市场上完败于进口奶粉，消费者对国产乳制品失去信任。据统计，仅在 2012 年，媒体就曝光了地沟油、霉变月饼、"福尔马林"小黄鱼、塑化剂等等质量安全事件共计 601 件①，特别是其中的地沟油和塑化剂事件，严重冲击了我国的餐饮业和白酒产业。

农产品质量安全已经成为一个世界性课题，质量安全事件产生的经济影响和社会影响越来越大。如英国因疯牛病导致牛肉及其制成品出口受阻，每年损失约 52 亿美元，因宰杀"疯牛"造成的损失则高达 300 亿美元；2011 年 1 月，德国多家农场被发现动物饲料受到二噁英污染，德国当局关闭了将近 5000 家农场，销毁约 10 万枚鸡蛋②。质量安全事件不只在本国产生影响，而且呈现出向世界范围扩大的趋势，比如 2011 年发生的饮料含"塑化剂"的事件，不仅涉及到了海峡两岸，而且还波及到了韩国、日本、新加坡等东亚国家。

农产品质量安全产生的影响越来越广泛，我国政府对质量安全的重视程度也越来越高。2007 年 4 月，在中央政治局第四十一次集体学习时，胡锦涛强调，要从贯彻落实科学发展观、构建社会主义和谐社会的战略高度，以对人民群众高度负责的精神，提高对实施农业标准化和保障食品安全重大意义的认识，扎扎实实做好工作，切实实现好、维护好、发展好最广大人民的根本利益。随后在 2007 年 8 月 17 日，成立了以国务院副总理挂帅的"产品质量和农产品安全领导小组"，统筹协调产品质量和食品安全重大问题，各个省市也分别成立了相应的组织机构。2009 年 6 月 1 日《中华人民共和国食品安全法》正式实施，为解决食品安全问题提供了法律制度保障，开启了食品安全从监管观念到监管模式的彻底转变，标志着中国食品安全监管进入一个新阶段。2011年颁布的《食品工业"十二五"发展规划》明确表示，将通过提高行业准入门槛、健全食品安全监管体制、完善食品标准体系、加强检（监）测力建设、健全食品召回及退市制度，以落实企业主体责任、强化食品质量安全。2012年 7 月 3 日，国务院发布《国务院关于加强食品安全工作的决定》，首次明确

---

① 该数据来源于中国农业大学安玉发教授整理的《中国食品安全事件集》。
② 数据来源于钟耀广主编的《食品安全学》的第一章。

将食品安全纳入地方政府的绩效考核，同时提出了我国食品安全的阶段性目标。2013 年 3 月国务院进行机构改革，组建国家食品药品监督管理总局，整合管理食品安全领域的问题，将农产品质量安全监督管理划归农业部负责，较好地解决了以前食品安全多头负责的局面。

1.1.2　农产品供应链管理在实践中深入发展

供应链管理的概念在 80 年代末才提出，首先在制造业管理中被应用，随后在信息技术的支持下得到了深入发展，逐渐推广而成为了一种新的管理模式。业界断言，新世纪的竞争不再是企业与企业之间的竞争，而是供应链与供应链之间的竞争。例如，日本的丰田公司将供应链中各个环节恰当的协调和集成，创造了 JIT 管理模式，在汽车市场取得了很大成功；美国戴尔公司根据客户需求重新调整了供应链结构，用"戴尔模式"占据了计算机市场领导者地位；美国农产品企业 ADM 公司，通过开发和应用信息技术，增加了供应链各个环节的收益。

农业企业在农产品生产和销售中遇到的一些问题，借助供应链理论能够得到很好的解决，因而供应链管理在农业领域也发展起来。20 世纪 90 年代末，供应链管理在农产品市场中开始了推广应用，在国际上，农产品供应链形成了比较典型的三种模式：以日本为代表的东亚模式、以美国为代表的北美模式和以荷兰为代表的西欧模式。东亚模式以批发市场为核心，供应链环节较多；北美模式采用"订单交易原则"，渠道短环节少，注重交易效率；西欧模式以拍卖方式作为批发交易主要形式，农业合作社在其中发挥着重要作用。随着农业产业化经营的发展，国内农产品供应链呈现多元化发展趋势，出现了许多不同的组织形式，如"公司＋农户""公司＋专业合作社＋农户""公司＋协会＋农户""农户＋连锁超市"等等。

国内不少领先的涉农企业开始了农产品质量安全供应链管理的有益尝试，例如中粮集团致力于构造一条全产业链，双汇集团加强了供应链前端质量控制，北京绿富隆公司采用了供应链整体质量控制等等。面对复杂的农产品供应链环境，如何在保证农产品质量安全的前提下，协调企业间信息传递，构造一个参与程度高、处理过程简洁、信息充分共享、用户满意的信息管理机制，是农产品供应链管理中亟待解决的问题。

1.1.3 信息在农产品供应链中的地位逐渐提高

信息看不见摸不着，作用往往容易被人忽视，其实信息已经深刻地影响了供应链的各个部分，供应链的发展已经表明信息是供应链管理中不可或缺的驱动因素，通过信息的协调能够指导具体的管理运作流程，从而使供应链盈利最大化。在现代信息技术的支持下，信息流在供应链中的地位得到提高，逐渐成为了基础的流模式。现代物流管理需要通过管理信息流来实现，甚至部分物流被信息流替代；随着电子货币的发展，资金流也将被抽象为交易数据，成为信息流的一个部分。

我国农产品供应链有自己的特点和不足，比如生产者和消费者高度离散，供需之间信息不能充分传达；各个节点企业信息化差距较大，信息链接不畅；供应链间缺乏信息共享平台，企业信息交流困难。并且，农产品质量安全主要原因就在于农产品供应链各主体与上下游交易者之间存在信息不对称，导致农产品市场失灵，优质不能优价，劣品充斥市场。在这样的情况下，农产品供应链的缺陷加剧了信息不对称，农产品质量安全的瓶颈更加难以突破。

互联网的发展改变了整个世界，信息技术在新世纪被广泛运用，也为解决农产品质量安全中的信息问题提供了技术支持，最近兴起的物联网和云计算会对农产品生产和流通产生更加深远的影响。物联网能够在农产品质量追溯中提供足够的技术支持，有利于企业发送和获取高质量产品的信息，还有利于政府根据信息进行市场监管。云计算的出现相当于一个世纪以前的电力革命，能够为企业提供价格十分低廉的软件服务，像用电一样使用"云"中的服务。目前我国涉农企业资金实力较弱，难以依靠自身实施先进的信息系统，云计算则是改进信息管理的有效途径，它能够让更多的农业企业便宜、简单、快速地融入信息化供应链网络。

1.1.4 农产品质量安全中不同主体间的相互影响加强

农产品供应链中不同主体的相互行为会影响供应链整体的管理效率。农产品质量安全的特殊性在于，消费者没有足够能力或需付出巨大成本才能对食品安全进行甄别，所以需要通过恰当的信息传递解决农产品质量安全中信息不对称问题，应用约束机制和激励机制让企业披露更多的质量信息。一方面，政府出台了不少措施，要求企业披露质量安全信息，比如农产品的源产地信息、食品的生产日期等等基本信息。另一方面，市场中的高质量的生产者为了将其产品与低质产品进行区分，会主动向市场发送高质量信息，展示企业拥有能够保证食品安全的质量控制能力，不断地向外界披露企业生产过程中质量控制和安全管理的信息，不让低质量企业模仿其行为去蒙蔽消费者，比如有的企业让第三方对企业考核，主动展示企业的生产过程，获得相关的资质认证，如 ISO、HACCP、绿色食品、有机食品等，甚至有食品企业通过物联网技术将企业质量控制过程全部透明地向外界发布；还有的超市在商场安放检测系统，使消费者能够得到食品某些危害物质含量的信息；有的菜园向消费者开放，把蔬菜施肥施药的总量和时间等信息都准确告知客户。

国际上处理农产品质量安全问题时，十分重视主体相互间的信息交流。美国在处理食品安全问题时，意识到只有公开、广泛地掌握食品安全事故和各种问题的信息，监管和处理手段才能发挥作用，所以美国政府首先公开了政府信息，发布了 FDA 内部相关文件；其次，通过风险交流，加强与民众的信息沟通；最后，还将食品安全的相关规则和立法流程信息向社会公开。日本对食品安全的风险管理中也强调了消费者、生产者、流通业者和政府部委之间的信息共享和意见交流，在日本 JAS 法案中，还有专门针对公布生产信息的JAS 标志认证①。

1.2 研 究 意 义

1.2.1 理论意义——探寻农产品供应链的信息传递机理，解析影响质量安全的信息因素

农产品本身具有的易腐败、生长周期长、易受自然环境影响、原料质量对产品最终质量安全影响较大等特点，这给农产品供应链的研究带来了困难。同时，农产品供应链管理涉及到农民、农产品采购和加工企业、农产品批发商和零售商、物流运输企业等相关主体，在管理中相较于工业品供应链有一定的复

① 国外相关资料主要从美国和日本的政府网站搜集，也有资料取自范春光（2008）发表的论文《国外食品安全监管制度及其借鉴》，以及李红（2009）的论文《中美食品安全信息披露对比及启示》。

杂性和独特性。具体来看，农业生产不确定性风险较大，每个节点涉及的企业较多、管理幅度较宽，上下游企业之间组合联系方式较多，信息传递过程中容易出现干扰和失真。因此，需要针对农产品和农产品供应链的特点，探寻一种适合的信息协调机制来更好地保障农产品质量安全。

在农产品供应链信息化过程中，结合现代管理理论、博弈理论、规制理论和系统理论等理论，从供应链信息视角对当前热点的农产品质量安全问题展开研究，剖析我国农产品供应链中的信息不对称和信息共享问题，致力于通过协调各主体之间利益来激励各方传递准确、及时、足够的农产品质量信息，以期找到一种管理机制，能够让消费者接收到农产品质量安全的信息，更加放心地消费农产品。

1.2.2　现实意义——提出可行的农产品质量安全信息管理模式，提高农产品质量安全水平

2010 年底，中国成为了世界第五大农产品出口国和第四大农产品进口国，我国农产品的质量安全问题，不再只影响到国内居民消费和自身农业产业发展，而是会影响世界农产品市场的生产，一定程度上成为了世界性问题。为了减少安全事件的发生，必须在国内及时发现农产品安全隐患，改进管理模式，防止恶性事件发生，控制影响范围。通过理顺农产品质量安全链条上的各种关系，协调农产品生产者、经营者、消费者等主体间的质量安全信息传递，强化政府对质量安全信息的管理。

1.3　国内外研究现状

国外关于农产品和食品安全的研究始于 20 世纪 60 年代，但公众对质量安全和健康问题的关注直到 80 年代才凸显出来，从这一时期开始，政府、学术机构以及媒体开始对农产品质量安全相关方面进行研究，并积累了一定的研究成果。国内对于农产品质量安全研究起步较晚，在 90 年代之后才开始。下文将从概念界定、农产品质量安全信息不对称问题的研究、农产品供应链信息管理的研究和供应链不同主体的研究这四方面对相关理论展开梳理。

1.3.1 概念界定

(1) 农产品质量安全

农产品质量安全问题虽然引起了社会的极大关注，但对于农产质量安全概念却缺乏理解，没有准确把握其定义。农产品质量的定义不同于农产品质量安全，根据 ISO9000《质量管理体系基础和术语》中关于质量的定义是：食品的特性及其满足消费的过程，包括了食品安全属性、营养属性、外观属性和处理属性。而质量安全的定义，按照权威的世界卫生组织（WHO）在《加强国家级食品安全性计划指南》中解释为"对食品按其原定用途进行制作、食用时不会使消费者受害的一种担保"。国内学者周应恒（2003）定义"食品安全"为食品中含有可能损害或威胁人体健康的有毒、有害物质或因素，从而导致消费者急性或慢性中毒或感染疾病，或产生危及消费者及其后代健康的隐患。郑风田（2003）认为：食物应当无毒无害，不能对人体造成任何危害；也就是说食物必须保证不致人患病、慢性疾病或者潜在危害。学者王玉环（2004）认为食品安全性应该是食品在生产、贮存、流通和使用过程中的一切处理，对在正常食用量的情况下，采用合理的食用方式，不会使消费者健康造成损害的一种性状。

本书认同从相对安全性的角度对农产品质量安全的定义，农产品应该在不损害消费者健康的前提下，满足不同的消费需求，促进农业生产企业发展，保证农业生产可持续发展。

(2) 农产品供应链

供应链（Supply Chain，SC）也称为供需链，对它的定义目前还没有统一，不同的学者对此有不同的看法。早期人们通常认为供应链是制造企业中将采购的原材料和零部件，通过生产转换和销售等活动传递到用户的一个过程。之后，研究者注意到了与其他企业的联系和与外部环境的关系，偏向于定义它为一个通过不同企业完成制造、组装、分销、零售等职能，实现将原材料转化成产品并送到最终用户手中的转换和转移过程。从系统学角度来看待供应链的学者森尼尔·乔普瑞（Sunil Chopra，2008）等认为供应链是一个动态系统，包括不同环节之间持续不断的信息流、产品流和资金流，也包括满足顾客需求所直接或间接设计的所有环节、所有职能部门。也有学者关注于围绕核心企业建立的网链关系，将供应链看成为一种网链结构，比如马士华（2000）等认为供应链是围绕核心企业，通过对信息流、物流、资金流的控制，从采购原材料开始，制成中间产品以及最终产品，最后由销售网络把产品送到消费者手中的将供应商、制造商、分销商、零售商、直到最终客户连成一个整体的功能网链结构模式。

对于农产品供应链，一般将农产品与供应链相结合进行定义。魏国辰（2009）认为农产品供应链是以农产品为对象，围绕核心企业，由农业产业生产资料供应商、农产品生产商、加工商、批发商、零售商和消费者等构成的功能性网状结构。

本书比较认同国内学者冷志杰（2005）提出农产品供应链的概念：由农业生产资料供应商、农产品种植者、养殖者、加工者、物流服务经销商和消费者等各个环节构成的组织形式或网络结构。

（3）信息传递

研究中将供应链中的信息看作与商品、资金一样可以传输和流动的企业要素。申农（Shannon）创立了面向通信系统的信息论，他认为"信息是人们对事物了解的不确定性的减少或消除"。美国信息管理专家 F·W·霍顿给信息下的定义是：信息是按照用户决策的需要经过加工处理的数据。邝孔武（2002）定义信息是经过加工的数据，它对接收者有用，对决策或行为有现实或潜在的价值。王谦（2007）看来信息流是信息在信源和信宿之间通过信道传递的一种过程，不仅指一定数量的信息集合，更重要的是表述这些信息的传递过程。高峻峻（2005）等提出供应链中的信息是用于描述组织之间连接点的特性，信息的传递形成了信息流，对信息的及时有效传递和正确理解是有效管理供应链系统的关键。

本书认为供应链中的信息传递是：为了减少或者消除供应链节点彼此之间或者各节点对整个供应链了解的不确定性，为了帮助管理层进行集成和高效决策，各节点将各自信息向供应链中其他节点传递或者由基层向决策层传递的过程。

1.3.2　农产品质量安全的信息不对称研究

在农产品质量安全领域已经有很多学者从不同角度展开了研究，从经济角度分析来看，多数学者赞同造成食品安全问题的根本原因是市场信息的不对称。在信息不对称方面，诺贝尔经济学家墨里斯、阿克尔洛夫、斯宾塞和施蒂格利兹（Mirrlees、Akerlof、Spence & Stiglitz）进行了深入而卓有成效的研究，为以后的学者在相关领域进行研究提供了强有力的理论支撑。约翰·M·安特利（John M. Antle, 1996）对食品政策进行了深入研究，认为市场机制下食品安全管理政策效能的高低关键取决于合适的信息制度，包括企业的声誉形成机制、产品质量认证体系、标签管理、法律和规制的制定，各种标准战略及消费者教育。尼尔森（Nelson, 1970）等将商品分为三类：搜寻品、经验品和信任品，而食品安全要素的品质特性既是经验品又是信任品（Caswell and Padberg, 1992）。巴格维兰德·赖尔登（Bagwelland Riordan, 1991）设计了一个消费者告知模型，他们认为通过与消费者之间的信息传递，例如厂商提供的标签、广告以及政府披露的公共信息等，可以解决或减轻与经验品特性相关的质量信息问题。卡斯维尔和杰卡（Caswell & Mojduszka, 1996）认为为保证市场上质量信息的有效性，以食品质量安全为核心的信任品特性信息必须由政府或其他可以信任的中介组织来提供。

国内学者在信息不对称理论的基础上，结合我国农产品质量安全情况进行了广泛的研究。苏祝成（2000）分析我国出口农产品农残超标的原因在于，农残的质量信息获取的成本性和风险成本外部性。王秀清等（2002）从信息不对称和市场失灵的角度分析了食品市场中质量信号问题，并提出促进食品质量信号有效传递的办法。周德翼（2002）认为政府的食品质量安全管理制度本质上是一个信息管理的成本、效果问题。周应恒（2003）强调了信息在农产品安全中重要性，认为政府进行管理的目标应该是食品风险最小化。李勇等（2004）分析，信息不对称会对安全农产品市场造成危害，需要通过政府干预，逐步使安全农产品市场信息对称化。耿春燕（2006）研究了政府应该如何从四个体系从手（信息发布体系、风险收集与交流体系、可追溯体系和信息服务体系）来建立农产品质量安全信息体系。李红（2006）从强调政府在信息披露中的作用入手，分析了如何建立有效的信息披露机制。孙小燕（2008）从信息不对称的角度探讨农产品质量安全问题的成因及治理方略。

1.3.3　农产品供应链信息管理的研究

现代供应链管理中十分重视信息管理和信息技术的运用。李效良

（Hau. L. Lee，1997）等人提出，高质量、实时的、双向的、涉及需求和供应的信息，是企业实施供应链管理的基础，并提出信息共享模式。霍夫曼认为信息和交流技术对农产品供应链的发展相当重要，可以为农业关联企业提高竞争能力、增加市场份额。王宁（2005）构建了信息网络下的农产品物流供应链模式，提出了在农产品供应链中运用互联网、电子商务等现代信息技术的具体操作方法。耿翔宇（2006）等阐述了建设农产品供应链管理信息系统的重大意义，提出可行的区域农产品供应链管理信息系统构建方案。凌宁波（2006）提出电子商务环境下中国农产品供应链运作模式。邓俊森（2006）提出建立以农产品行业协会为第三方组织的信息中心，协调农产品供应链中的各环节之间的信息与利益，保障农产品供应链中信息畅通、利益分配均衡和消费者食品安全。员巧云（2006）分析了当前我国涉农供应链中信息流的复杂性、不通畅性和不稳定性，提出应健全供应链信息网络，并对信息流进行有效控制。王晶等（2007）对供应链上的信息分类、信息失真、信息风险和信息共享等信息管理问题的国内外研究成果进行了全面的回顾和总结。张敏（2007）提出建设采用拍卖制的批发市场或建设基于核心企业的"从田头到餐桌"的农产品供应链来保障信息链的畅通。

韩燕（2007）提出农产品供应链上的质量安全信息不对称的解决路径可以归结为两种模式：一是实现农产品供应链的每个节点上的信息充分地、准确地进行传递；二是农产品供应链上每个环节的参与者被加入到信息追溯的环节，实现信息共享。韩青（2008）分析农产品质量安全信息传递效率后，认为建立良好的质量信号传递机制，有助于将农产品的经验品和信任品特征转变为搜寻品特征，从而促进质量信息在不同市场主体间的有效传递。张倩（2008）认为农产品供应链管理必须整合农产品供应链的各成员，加强合作，优化农产品供应链的信息流运作。刘畅（2011）从食品供应链角度出发，将发生在供应链各环节的食品质量安全问题按本质原因分为 4 大类 12 小类，为供应链信息追溯的具体内容做了基础性研究。

1.3.4　不同主体的质量安全管理行为的研究

供应链中各种主体之间经过相互作用，并通过恰当的协调能够促进效率的提高。李（Li，2007）等提出一个基于供应链决策结构和自然需求的供应链协调机制，强调了行为和信息需求在协调供应链中的作用。林丽金（2010）分析了农产品供应链失调的原因，从供应链的战略目标、运行机制、基于契约的利益协调机制、基于信息技术的协调机制、基于运营能力的协调机制、政府与农业行业协会的协调作用等方面入手构建我国农产品供应链的协调机制，以改善农产品供应链的协调效果。安玉发（2010）提出在协议流通的模式下，通过协议或者契约的方式明确供应链中各利益相关主体的分工，统一协调上下游供应商和客户，运用生产风险、流通风险分担和利益分配机制，解决农产品交易信息不对称和流通成本高等问题，形成供应链整体长期交易关系，提升农产品流通效率。

（1）企业质量安全控制行为的研究

国内外学者对企业食品安全控制行为的影响因素进行研究时，一般是将企业视为理性的经济人，假设企业在利润最大化下进行食品安全控制行为的决策。实证研究中主要从企业的成本、收益和风险方面来分析影响因素（Buzby，1999；Starbird，2000），归纳起来可以分为两个方面，一方面是企业内部的因素，另一方面是企业外部因素。企业内部因素又包括两点，第一是为了加强内部管理，减少企业综合成本（贾愚，2009），通过加强与上下游企业的联系，实现企业的经营战略（Udith，2007；白丽，2010；赵智晶，2012）；第二是企业家落实企业社会责任，按照企业的经营理念，维护企业的商誉（山丽杰，2011；胡求光，2012）。而外部因素也包括两点，其一是企业为了取得更多消费者的认同，获得更多的市场利润（杨秋红，2009），其二是企业受制于外部的政策环境制约（周洁红，2012），为了达到检验检测标准、产品出口标准等标准，减少处罚（周洁红，2011）。

鉴于国内食品安全情况，国内研究者对一些优秀的食品生产企业进行了典型案例研究，比如在三聚氰胺事件中未发现问题的完达山集团以及长年未出食品安全事故的温氏集团，通过案例研究发现，这些企业对农产品上游环节的质量安全控制都很到位，比如与农户有密切的联系、给予农户技术上帮助、提高收购优质产品的价格、加强农户的组织和一体化程度，同时在内部也有严格的质量过程管理，来保证加工环节的品质安全（万俊毅，2008；米运生，2009；万俊毅，2010；郑红军，2011）。

（2）消费者购买安全农产品的研究

安全农产品的价值，需要通过消费者在市场中的购买来实现。现有对消费者购买优质和安全农产品的实证研究中，比如购买一些无公害、绿色、有机和可追溯的农产品，国内外学者发现消费者的购买意愿显著受到其自身特征和家庭因素的影响，比如性别、年龄、受教育程度、职业以及对安全偏好等自身因素，消费者家庭中是否有低龄儿童会正向影响消费者对高品质农产品的偏好（Masters，2002；周应恒等，2006），同时家庭收入也对消费高品质农产品有影响（杨金深等，2004；张小霞等，2006；王志刚等，2007；张海英等，2009；王二朋等，2011）。

虽然消费者对更安全的高品质农产品有较高的购买意愿，愿意把支付价格提高10%到335%不等（周洁红，2004；周应恒等，2006；王锋等，2009），但是由于消费者对市场产品的不信任（杨金深等，2004），消费意愿转化为购买行为的比率却较低，如周应恒等（2008）的调查中只有50.73%转化为实际购买。进一步调查发现，要实现消费者的购买，需要强化消费者对市场产品的信任（王志刚，2006），提高消费者对第三方鉴定机构的信任程度（陈雨生等，2011），加强政府对伪造标识的监管和打击（冯忠泽，2008）。

（3）农户进行安全农产品生产的相关研究

在我国农业生产中农户数量多且规模小，他们进行着基础的种植和饲养工作，是农产品供应链的初始生产环节，农户的行为对保障质量安全有着根本性作用。随着农业经济的发展，农户在供应链中的地位日益提高，农户和供应链企业演变为一种共生的关系（彭建仿，2007），对农户进行激励能更好地促进农产品质量安全的提高（杨万江，2004；杨小山，2011）。目前已有不少对农户安全生产行为和参与供应链追溯的实证研究，研究范围涵盖了种植业（周洁红，2007；赵荣，2011；王慧敏，2011）、果业（徐玲玲，2011）、畜牧业（吴秀敏，2007；孙致陆，2011）和渔业（陈雨生，2011）等产业，农户实施安全生产行为的影响因素可以概括为四个方面：一是减少农户采用安全生产行为的成本，不但是要减少农户直接的购买安全农药、新技术设备等的直接成本（张云华，2004），而且包括为农户提供培训、提高教育程度等方式减少农户参与的间接成本和技术的使用成本（周艳波，2008；王瑜，2009；童霞，2011）；二是改变农户产品的交易模式（胡定寰，2006；钟真，2012），加强农户的组织化程度（朱艳，2004；方秋平，2011；华红娟，2012），提高农业生产的一体化程度（卫龙宝，2004；蔡荣，2012）；三是增加生产高质量农产品的收益（王芸，2012），提升农户对高质量农产品的认知（卫龙宝，2005）

和收益预期（赵荣，2011）；四是增加对农户生产不合格产品的惩罚（周峰，2008；王志刚，2011），加强农产品直接进行检验检测的力度（吕志轩，2008；和丽芬，2010），让农户进一步认清不安全食品会对消费者造成的危害（刘万利，2007）。

（4）我国政府在食品安全中的规制行为研究

由于食品安全具有信息不对称和公共物品性质，因此需要一定的政府监管，但政府监管的具体方式需要朝市场化和透明化方向转变（李勇等，2004）。学者针对近期发生的一系列食品安全事件，如三聚氰胺、瘦肉精、苏丹红、毒豆芽等恶性事件（王俊豪等，2005；刘自新，2006；郑风田等，2007），并结合对日常监管的调研，深入剖析了目前政府监管的漏洞，提出了建立市场化的治理机制，建议以企业的自主型监管为主、被动反应监管为辅的策略（任燕等，2010；任燕等，2011）。历次重大的食品安全事件，使消费者不断降低对政府行动的预期，"政府监管频频失控比市场自发调整对消费者信任的损害更为严重"（王彩霞，2011），当消费者越是对食品安全忧虑时，越需要提供信息的间接监管方式（周洁红等，2004），因此，政府需要转变监管体制和监管方式，更多发挥"信息桥"的作用，将专业复杂的食品安全问题转化为消费者普遍适用可理解的信息（索珊珊，2004），并通过统一和标准的渠道向社会公布。

1.3.5 评述

国内外学者从很多方面展开了农产品质量安全研究，从经济学的观点看是信息不对称，需要解决好信息传递的问题；从管理学的角度看是管理机制不健全，需要建立一套合理的激励和分配等机制。学者在质量安全信息不对称、供应链信息管理和供应链主体方面展开了许多研究，但是研究不同主体具体的信息机理还不够深入，缺少以提高食品安全水平为目标的研究。

因为分析主体信息传递机理并研究如何构建恰当的信息机制对保障农产品质量安全具有重要的意义，所以本书将从研究供应链的信息问题入手，从企业、市场、农户和政府四个方面，深入分析现阶段我国农产品质量安全信息存在的信息传递不连贯、信息披露机制不系统等问题，并且将信息作为研究农产品质量安全的抓手，研究在农产品供应链中有关质量安全的信息协调机制，对农产品质量安全信息披露的程度和目标、信息共享的激励机制、组织协调机制、监督管理机制等展开综合的理论研究。

1.4　研究目标、研究方法和创新之处

1.4.1　研究目标

为研究农产品供应链中各主体面临的不同信息问题，本书运用博弈论、规制理论、激励理论和系统论等理论，分析如何能更好地对质量安全信息进行管理，并以此促进农产品质量安全水平的提升。在研究农产品供应链中信息不对称和信息不完全问题时，将根据我国农产品供应链的实际情况，通过数学模型分析、仿真模拟分析和实地案例分析等研究方法，构建一种能促进各参与主体合作的管理机制，以实现农产品质量安全信息准确、及时、恰当地共享，提高市场中农产品质量安全的信息透明度，完善政府的质量安全管理方式，增强消费者对农产品质量安全的信任。

1.4.2　研究方法

数学模型分析：本书将运用博弈论、激励理论、期望价值理论等建立数学模型，以最优化为目标求解不同的数学规划，运用抽象数学语言解释不同的情境下供应链各主体之间的相互关系和发展的趋势。

案例分析方法：结合典型案例的情况分析判断本书理论推导得出的结果。本书通过实地跟踪访问、与政府和企业相关负责人访谈调查等方式，了解实地情况，搜集相关企业数据，归纳现实问题，将调查结果与理论推导结论相比较，总结出典型案例，进一步验证理论推导结果或补充理论的不足。

系统分析方法：将农产品质量安全问题看成是由一个复杂的社会系统产生的问题，采用系统分析的方法，通过系统目标分析、系统要素分析、系统环境分析、系统资源分析和系统管理分析，诊断质量安全问题产生的动态因素，揭示复杂问题的症结，把信息作为系统解决问题的支点。

比较分析方法：运用定性比较和定量比较的方法，分析不同的农产品供应

链中激励和协调信息共享的现象。不但定性地分析不同国家和地区农产品供应链中信息的管理模式和组织模式，而且还将定量地比较当前的供应链和理想的供应链，以及不同主导企业下的供应链，在质量安全方面的投入力度、收益和成本等方面的差异。

算例仿真分析：为了验证实践中难以检验的相关结论，本书采用数值模拟的方法进行分析。根据实际情况，设计函数中参数的取值选项，验证在参数取不同组合的情况下函数的解，分析参数变化条件下，质量安全供应链中不同成员和整体的收益与成本变化。

1.4.3 创新之处

我国农产品质量安全问题引起了社会和政府的极大关注，但是研究中还比较缺乏专门从农产品供应链信息的角度来分析该热点问题，并且当前的研究中针对政府管理或两个企业之间协调的研究较多，从农产品供应链角度分析农户、企业、政府和市场的质量安全信息管理机制的较少。本书研究的可能创新之处在于以下两个方面：

第一，将信息作为研究农产品质量安全的抓手，分析如何通过协调主体之间的利益来激励各方积极地及时地传递准确、充分的农产品质量信息，以期通过构建一种信息管理模式，实现农产品质量安全信息对消费者及政府管理者的透明可见。

第二，强调供应链质量安全信息管理的整体目标，建议用加强信息交流的方式，使用现代新型信息技术来构建基于质量安全的农产品组织体系。

1.5 技术路线图及可行性分析

1.5.1 技术路线

如图 1-1 所示，在提出问题之后，对问题进行分析，最后指出发展方向。

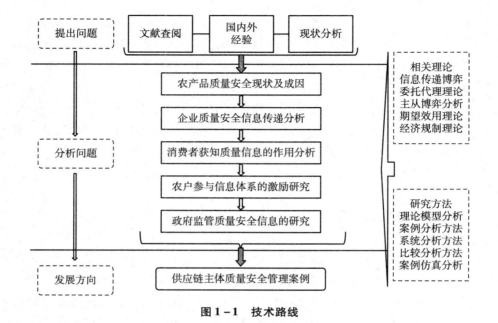

图 1 - 1   技术路线

1.5.2 可行性分析

首先，国内外在质量安全管理和供应链信息传递方面的理论研究较为成熟，研究成果较为充分，因而本书的理论基础较为充实。

其次，本人在农产品流通、农产品质量安全管理方面积累了一定的科研经验，研究方法方面有较好地掌握，并且，导师和合作者的研究资料非常丰富，这些对本书的顺利完成有很大的帮助。

最后，本研究得到国家自然科学基金青年项目的支持，开展研究所需经费可以获得，因此从研究经费的获得性上也是可行的。

第二章

理论基础与全文逻辑框架

为了能够从理论上更好地解析农产品供应链各主体间如何通过相互作用来促进信息交流以提高食品安全水平，本书将应用信号博弈理论、Stackelberg 博弈理论、激励理论、规制理论和系统理论等来开展理论研究，并且以这些理论为基础，按照研究思路来规划全文的逻辑框架。

2.1 理 论 基 础

2.1.1 信号博弈理论及应用

信息经济学研究的是非对称信息情况下最优交易契约，是在给定信息结构的条件下，安排最优契约。由于信息传递是本书研究的重点，而与此在机理上衔接最紧密的理论当属信息经济学理论，因此本书在研究中首先就利用该理论进行分析。

（1）信号博弈理论基本观点

博弈中包括了四个基本要素（PAPI）：参与者（players）、行动（actions）、支付（payoffs）和信息（information），其中信息是指参与人在博弈中，有关其他参与人的特征和行动的知识。当参与人同时行动时，参与人都没有机会通过观察获取对方的私人信息，而在依次行动时，信息就成了核心问题（拉斯穆森，2009）。

信号发送博弈是一种不完全信息动态博弈，博弈过程中，参与人 1 具有私人信息并发送信号，参与人 2 的类型已知并接收信号。基本的博弈顺序是（张维迎，2004）：

1）参与人 1 的类型为 $\theta \in \{\theta_1 \cdots \theta_n\}$，参与人 1 知道自己的类型，但是参与人 2 不知道 1 的类型，只知道 1 属于 θ 的先验概率是 $p = p(\theta)$。

2）参与人 1 观测到 θ 后，从信号空间中选择发出信号 $m \in \{m_1 \cdots m_n\}$。

3）参与人 2 接收到信号 m 后，使用贝叶斯法则从先验概率 $p = p(\theta)$ 中得到后验概率 $\tilde{p} = \tilde{p}(\theta \mid m)$，然后从参与人 2 的行动空间 A 中选择行动 $\alpha \in A$。

4）参与人的支付函数分别为 $u_1(m, \alpha, \theta)$ 和 $u_2(m, \alpha, \theta)$。

若 $m(\theta)$ 是参与人 1 类型依赖的信号战略，并且 $\alpha(m)$ 是参与人 2 的行动战略，那么信号传递存在精炼贝叶斯均衡。信号博弈中包含了三种精炼贝叶斯均衡：分离均衡、混同均衡和准分离均衡。分离均衡中，不同类型的参与人 1 以完全确定的概率选择不同的信号，没有一种类型会选择其他类型发送的信号；混同均衡中，不同类型的参与人 1 发送相同的信号，每种类型都选择发送相同的信号；准分离均衡中，一些类型的发送者随机地选择发送信号，另一些类型选择特定信号发送。

（2）信号发送博弈在质量安全方面的相关应用

在信号博弈基础理论研究中，斯宾塞（Spence，1974）开创性地运用信号传递模型说明高能力者由于接受教育付出的成本较低，可以把教育作为信号实现与低能力者相区别。随后信号传递理论在很多领域展开运用，比如尼尔森（Nelson，1974）分析广告作为质量的经验信息，罗斯（Ross，1977）认为资本结构可以作为企业质量的信号，米尔格罗姆和罗伯茨（Milgrom and Roberts，1982）分析广告和价格发送产品质量信号的情况，费尔托维奇等（Feltovich，Harbaugh and To，2002）建立了一个"反信号传递"模型来解释部分混合均衡时高质量企业和低质量企业都不发送信号的情形。黄涛和颜涛（2009）分析了医疗作为信任品下的医生欺骗行为。信号博弈模型甚至还被运用到分析人力资源管理、礼物交换、孔雀开屏等问题。

（3）本书的应用

本书对该理论的应用主要是在第四章分析企业向外披露信息的机理。在市场中有食品安全做得好的农业企业，也有行为恶劣的农业企业，他们食品安全的水平不同，能够向消费者和政府披露的有关信息就不同，由此影响了消费者对市场和企业情况的判断。本书依此背景，建立了信号传递博弈模型，分析了企业信息披露的意义。

2.1.2　Stackelberg 博弈及其应用

在动态博弈中，参与人的行动有先后顺序，先行动者的行为能被后行动者观察到，后行动者根据观察到的结果选择行为。农产品在整个供应链中都可能发生质量安全问题，上下游企业之间具有信息优势一方的决策就存在着 Stackelberg 博弈的过程。

（1）Stackelberg 博弈理论

纳什均衡是完全信息静态博弈中的均衡解，但是在动态博弈中，后行动者的选择空间依赖于先动者的选择，而先动者在选择自己战略时又不可能不考虑自己行为对后行动者产生的影响，因此为了把动态博弈中不合理的纳什均衡剔除，泽尔腾（Selten，1965）引入了"子博弈精炼纳什均衡"，剔除包含了不可置信威胁战略的纳什均衡。

子博弈精炼纳什均衡通过逆向归纳法进行求解，一般是从最后一个决策节点开始依次剔除掉每个子博弈的劣战略，最后没有被剔除的战略就构成了精炼纳什均衡。Stackelberg 博弈中的均衡是子博弈精炼纳什均衡的一种形式，在博弈模型中，参与人 1 是先动者，参与人 2 是后动者，参与人 1 首先选择产量 q_1，参与人 2 观测到 q_1 后，再选择自己的产量 q_2，参与人 1 也知道参与人 2 会根据自己产量安排生产。

（2）Stackelberg 博弈在供应链质量管理中的相关应用

Stackelberg 博弈是关于产量的一个简单应用，本书在此基础上结合不同的情况，对该模型进行一定的改进，在研究供应链质量管理时该模型能够得到应用。

供应链的质量管理问题日益受到重视，调查发现企业在质量上的投入显著影响了供应链中的质量表现（Forker，1997），研究认为在不对称信息下供应商的质量控制、购买者的检测、对次品的惩罚、相关监督等会影响供应链的效率和企业对质量的投入（Baiman，2001；黄小原，2002；周明，2006；Hsieh，2010）。供应链企业在改善质量以追求利润的过程中，需要平衡供应链中的质量投入、销售价格和销售量（Banker，1998；Lin，2005；Foster，2008）。

在供应链由不同企业主导下，供应链中产品的质量和价格会有变化。有研究认为由于直销渠道能够比间接销售取得更高的利润，生产商在直销中更能被激励提供优质的产品（Jeuland and Shugan，1983）。而徐晓伟（Xiaowei Xu，2009）发现在零售价格内生的情况下，制造商通过间接渠道提供产品的质量甚至会好于直接销售渠道。朱凯杰（Kaijie Zhu，2007）讨论了在供应链中当供应商决定产品质量的情况下，如何激励供应链中的供应商和制造商去加强质量投入。谢刚（Gang Xie，2011）等认为供应链的风险规避行为对供应链的质量投入和价格有重要影响，并且研究了两条竞争供应链的结构选择和质量改进的策略机制。

（3）本书的应用

本书在第五章分析消费者获知质量信息对上游供应链生产企业和流通企业的影响中应用了 Stackelberg 博弈模型。根据模型的基本原理，假设市场需求由消费者对产品质量的感知来确定，质量投入由生产企业控制，销售价格由流通企业主导，按照 Stackelberg 博弈顺序，分别考察了在生产企业主导、销售企业主导和集成决策下的质量和价格。

2.1.3　激励理论及本书应用

由于信息的私有性质，在农产品供应链中卖方的质量投入力度不能被买方获知，买方为了获得质量上安全的农产品，只能通过观测其他信息来选择产品，如果要提高供应链整体的质量安全水平，需要应用激励理论来分析什么是最有利的行为。

（1）激励问题的研究

对于激励问题，首先应当被提到的经济学家当是伟大的亚当·斯密和大卫·休谟。斯密（Smith，1776）在《国富论》中发现农场主缺乏佃农对土地的投入和农业工具使用的信息，在农场主和佃农之间存在激励问题。休谟（Hume，1740）在一个有上千人工作的问题上首先讨论了"搭便车问题"。莫里斯（1997）等人在研究非对称信息下的不确定性时开创了"委托—代理"理论，此后应用"委托—代理"理论深入地分析了激励问题，如拉丰和马赫蒂摩（Laffont and Martimort, 2002）研究了在逆向选择、道德风险和不可验证性下的激励问题。

委托代理的基本过程是：委托人在代理人总是选择最大化自身效用水平的条件下，选择最大化自身期望效用函数的行为。在信息不对称条件下，委托人必须放弃帕累托最优风险分担合同，满足代理人的激励相容约束和参与约束，就本书研究的农产品质量安全而言，委托人提供的激励合同，必须能够让代理人在生产安全合格食品中获益，而且收益不能小于生产不安全的食品。

（2）激励理论的相关应用

本书研究的内容主要涉及到的是供应链上下游企业之间的激励问题以及农户参与质量安全管理体系的集体激励问题。

首先，在应用激励理论研究供应链质量管理中，有一些学者基于"委托—代理"理论对供应链方面的质量管理和激励约束展开了研究分析。百曼（Baiman, 2000）等研究了在供应商负责质量和购买者控制检测时，不同信息条件下如何通过合同影响供应链效率的问题。陈祥锋（2001）采用二层决策方法，研究在集成化供应链环境中，如何应用合同管理的质量担保决策来控制产品的质量，保证买卖双方自身利益和整个供应链绩效的问题。张爱（2003）利用"委托—代理"模型分析了供应链企业间由于信息不对称所引起的质量问题。谢崇基和刘玉特（Chung – Chi Hsieh & Yu – Te Liu, 2010）研究了基于供应商和制造商供应链的质量投入和监督政策，认为与监督相关的信息和对次品的惩罚影响了双方的均衡战略和利润。

其次，在集体激励问题的研究中。国内外学者在研究激励集体成员合作时发现，在向集体的供给中，私人倾向于搭便车，导致供给不足（Samuelson, 1954），但是一些紧密的小团体却可以得到更多收益（奥尔森，1982）。组织中存在成员参与的努力不足，需要一种第三方的协调机制（Holmstrom, 1982），同样，在供应链中上下游企业也存在信息共享的投入不足，因而需要一定的协调（Lee, 2000）。国内在研究激励集体成员参与和投入中，傅江景（2000）用模型刻画了集体腐败中"一把手"和合作者爆发腐败的问题，张维迎（2004）分析了中央和地方政府关于基础设施建设资金投入的博弈，张新锋（2006）分析了激励信息共享提高供应链效率的条件和分成问题。

（3）本书的应用

本书的应用对应于两个方面：

第一，在第七章假设政府检测质量安全为外生条件的情况下，利用委托代理模型，分析政府检测和市场损失对农产品供应链中不同企业在质量投入方面的影响。

第二，在讨论农户加入质量安全体系的第六章中也大量应用了激励理论，建立了一个一对多的模型，讨论了在多个农户和一个主导企业的体系中，为什么农户的参与程度不高，以及什么条件下政府的推动能够促进社会福利的提高和农户参与程度提高等问题。

2.1.4　规制理论及本书应用

农产品质量安全问题是涉及国计民生的大问题，而且由于问题具有信息不对称、负外部性和公共物品性的属性，因而需要恰当的政府规制。

（1）规制理论的研究

政府规制是具有法律地位的、相对独立的政府管制者（机构），依照一定的法规对被管制者（主要是企业）所采取的一系列行政管理与监督行为（王俊豪，2001）。在政府规制中，管制者是具有管制权并实施管制行为的政府行政机构，而规制对象是市场中以企业为主的各种经济主体，规制依据和手段是各种合法的规则和制度。

政府规制分经济性管制和社会性管制。经济性管制的主要领域是自然垄断领域和存在信息不对称的领域，管制的内容包括了价格管制、进入和退出市场管制、投资管制和质量管制。社会性规制是一种较新的管制，是一种禁止、限制特定行为的管制，主要目的在于确保安全、健康、卫生，防止公共灾害、保护环境，并保障教育、文化和公民福利。

（2）规制理论在食品安全中的应用

在社会转型时期，食品安全是由于市场机制的缺陷和制度的不完善带来的，再加上地方保护主义盛行、政府规制失灵加剧了食品安全问题（林闽钢，2008）。政府对食品安全监管的作用是理论界研究的一个热点，学者们从不同角度提出了规制食品安全的建议。

学者通过访谈政府相关监管部门和调查市场中不同经营主体，对政府的监管体制和监管方式提出了建议，认为目前政府的监管以横向监管为主，不合适农产品生产链断裂的情况（李静，2011），监管部门呈现"碎片化"的状态，各部门之间交易费用较高，需要建立一种整体政府监管的模式（颜海娜等，2009；颜海娜，2010）；同时由于中央和地方分权治理，地方对自身经济利益的保护又助长了地方不安全食品的行为，所以有学者建议厘清中央和地方的责任，加强地方监管部门的竞争（刘亚平等，2012），推动社会其他机构参与食品安全监管，建立起多元治理的新模式（颜海娜等，2009；巩顺龙等，2010）。

（3）本书的应用

在第七章对政府管理农产品质量安全信息的研究中，广泛讨论了规制理论在食品安全中的应用和发展，分析国内规制中出现的问题并结合国外政府规制的最新实践，提出了我国政府规制农产品质量安全的建议。

2.1.5　动态反馈分析的理论与应用

在农产品质量安全这样涉及到多主体的复杂系统中，简单、静态和片面的问题处理方式并不能从根本上促进问题的解决，只有从整体、动态和全面的系统观点来看待问题并抓住问题的关键，才是解决问题的途径。

（1）动态反馈分析的内容

麻省理工学院的福瑞斯特（Forrester J. M.）教授创立了系统动力学（System Dynamics），主张运用一种系统观点研究复杂问题。彼得·圣吉（Peter·Senge）在该理论的基础上提出了学习型组织，并且通过名著《第五项修炼》提出系统基模分析方法，主张运用非线性的系统思考方式去观察事物、解决问题。

系统基模是用动态结构图形来解释、揭示系统中相互依赖相互作用的各种关系，帮助管理者更清楚地抓住系统表面下的运行本质。目前通过实践总结和归纳出了八种最为常见的系统基本模式：有延迟的负反馈、增长极限、转移负担、目标侵蚀、恶性竞争、强者愈强、公地悲剧、饮鸩止渴、增长与投入不足（圣吉，2009）。

（2）动态反馈分析的相关应用

在社会科学领域，该方法已经被广泛运用，比如在解决农业经济领域中，我国学者贾仁安教授提出的系统动力学流率基本入树规范性建模法，对"公司 + 农户"规模经营模式进行了优势与制约因素的有效分析（贾仁安，2005；贾伟强，2006）。黄桂红（2008）运用系统动力学反馈分析的思想与理论，对农产品供应链中的制约因素进行了反馈分析。

（3）本书的应用

本书在第七章分析政府如何更好地进行农产品质量安全管理时，应用该分析方法说明了信息沟通才是运用市场力量解决食品安全问题的"杠杆解"，并且由此引出了政府应该采用更多"助推"政策的建议。

本书在案例分析一章，也应用了系统分析的思维方式，思考了在构建质量安全的农产品系统中，农户、企业、消费者和政府这四个主体如何相互作用、相互影响来共同促进供应链整体的质量水平提高。

2.2 本书研究思路和整体框架

前文对相关理论进行了梳理，本节将再根据需要分析的研究内容，阐述出全文的研究思路并说明全文的逻辑架构。

2.2.1 本书研究思路

本书的内容将研究对象分为了三个部分：

首先，描述我国食品安全的现状，分析食品安全问题的形成原因和发生转化的条件。

其次，以促进农产品质量安全水平的提升为目标，以信息传递为抓手，分析农产品供应链中企业、农户、消费者和政府四个主体的行为机理及影响作用。

最后，用一个案例来说明全文的理论，并提出未来发展方向。

本书的研究始终关注的主要问题是：如何通过促进农产品供应链中的信息传递来推动整体的质量安全水平的提升。

沿着本书的研究思路，研究过程中又将主要问题拆解为了以下的五个子问题：

第一，食品安全情况如何？好转的条件是什么？

第二，企业为什么要披露质量安全信息？如何更好地进行安全信息的披露？

第三，消费者获得食品安全信息会对供应链产生什么影响？消费者怎样获得更多信息？

第四，如何激励农户积极参与体系并主动提升质量安全生产水平？

第五，政府在规制农产品质量安全中的恰当行为是什么？推动质量安全农产品供应链发展的途径有哪些？

2.2.2　整体逻辑框架

按照本书的研究思路中的三个部分和五大问题，搭建了如下图 2 - 1 所示的逻辑框架。本书开展研究时，将由问题导向具体的研究内容，用每部分的研究来解答相应的问题。

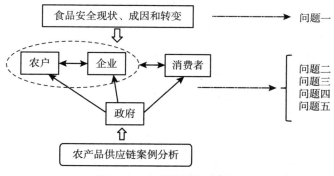

图 2 - 1　本书逻辑思路框架

本 章 小 结

本章梳理了本书将会运用到的信号博弈理论、Stackelberg 博弈理论、激励理论、规制理论和系统理论的理论内涵，总结了这些理论在质量安全方面的已有应用，并且指出本书将如何应用这些理论进行分析。

本章提出了本书的主要研究问题，即如何通过促进主体间信息传递行为来推动农产品供应链整体质量安全水平的提升。围绕该问题，在本书接下来的章节里重点具体研究了五个子问题：（1）厂商食品安全行为的转变原因；（2）企业的信息披露的原因和披露方式；（3）消费者获知信息的效果和途径；（4）农户参与信息共享的激励方式；（5）政府在农产品质量安全恰当行为是什么。最后，本书提出了在问题导向下的完整逻辑思路框架。

第三章

食品质量安全现状与
成因的经济分析

随着生活水平的不断提高，人民群众对食品安全更为关注，"食以安为先"的要求更为迫切。但是，现阶段我国食品安全问题频繁发生，一系列影响恶劣的质量安全事件被各种媒体接连曝出，人民群众对食品安全充满了疑虑，对食品生产企业充满了不信任。不安全食品不但严重影响了人们的日常生活，而且也损坏了我国的国际形象，甚至是对政府执政能力的一种考验，所以各方都在设法遏制不安全食品的蔓延。从国际上看，发达国家基本都经历过一个食品安全事件高发的阶段，经过一段时间的政府治理和市场调节后，最终优秀企业在竞争中胜出，食品质量安全情况才逐步好转。

本章将首先结合掌握的从 2001～2012 年食品安全事件数据，对我国食品安全现状整体情况进行描述，之后根据数据和国际经验对整体发展做出趋势判断，最后用模型分析食品安全问题的原因和转变，从微观上解释食品安全事件从频发到有效治理的"库兹涅茨曲线"过程。

3.1 食品质量安全现状描述

为了对我国食品安全情况进行整体把握和分析，本书搜集了从 2001 年 1 月至 2012 年 12 月这 12 年中媒体报道和官方公布的食品安全事件共计 4302 起，并总结了这些事件发生的地点、时间、环节等信息，以此为依据，分析我国食品安全的现状。

此处的数据来源渠道主要有三个：国家食品安全信息中心、中国食品安全资源数据库以及其他媒体。前两个渠道由于主管机构改革和职能调整等原因，

2010 年之后没再公布数据，所以在此之后的数据全部来自公开媒体，媒体来源主要是网络、报纸和电视。搜集的事件不论何种来源，同一个事件只记录一次，每起事件需要记录发生的时间、地点、食品种类、问题发生环节、责任主体的规模、责任的原因属性。

安全事件发生的地点根据行政区划划分的 34 个地区，编为 34 个区域，再加上多地区和全国性问题归为 1 种，总共 35 种。食品安全的种类按照国家质量监督检验检疫总局出台的"企业食品生产许可"（QS）标准划分的 28 类食品的基础上，再加上水果、蔬菜、鲜蛋、鲜肉、水产总共 33 类。发生问题的环节，按照产品从最初的农产品到食品加工生产直到最终进入消费者消费，分为了 8 个环节。责任主体的规模按照食品行业的企业标准，划分为了个体生产者、小型生产者、大中型生产者 3 类；责任的原因按照其具体行为，分为了13 种因素。

3.1.1　整体情况

数据库总共记录了近 12 年来共计 4302 起食品安全事件，从事件的时间顺序来看，随着媒体开放程度增加和群众食品安全意识加强，2005 年之后披露的事件明显增多，如图 3－1 所示；从事件发生的地区来看，发达地区被报道和披露的食品安全事件较多，北京和广东曝光的事件较多，如图 3－2 所示；从披露的食品种类来看，肉制品、粮食加工品、调味品、饮料和乳制品发生的较多，如图 3－3 所示。

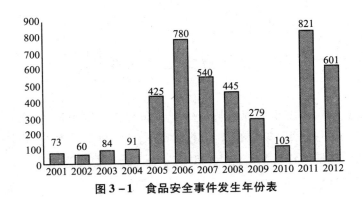

图 3－1　食品安全事件发生年份表

如图 3－1 所示，2005 年之后曝光的食品安全事件迅速增加，这 8 年中 2011

年通报的食品安全事件最多,全年达到了 821 起,在 2010 年最少,也发生了 103 起。我国食品安全形势不容乐观,食品安全还处于多发和频发的阶段。

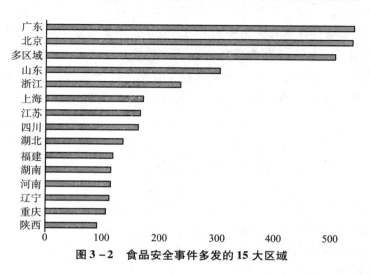

图 3－2 食品安全事件多发的 15 大区域

从图 3－2 可以看出,这 12 年中披露食品安全事件最多的地区是广东,其次为北京,再次为多区域或全国性的事件。在前 15 个地区中经济发达地区居

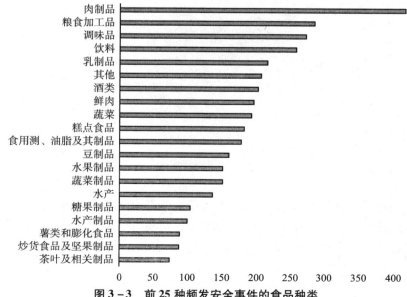

图 3－3 前 25 种频发安全事件的食品种类

多，经济越发展人们对自身健康程度越关注，媒体披露的食品安全也更多。食品安全也不仅仅再只是涉及是一个单独的地区，随着食品产业链的扩展和延伸，食品安全越来越需要多方面和多区域的联合行动。

食品安全事件在所有食品种类中都有发生，本书截取了频发的 25 种食品，如图 3 - 3 所示，首先肉制品发生的问题次数最多，达到了 416 起，其次为粮食加工品发生了 284 起，最后是调味品 272 起。在涉及多样的食品安全问题时，需要更合理的监管方法，寻找一种事半功倍能够系统解决本质问题的方法。

3.1.2　事件中企业规模和供应链环节

从企业规模的角度来观察食品案件的情况。食品安全事件在各种类型的企业中都有发生，如图 3 - 4 所示，其中，个体生产者居多，占了 39%，具有生产资质的企业涉及的食品安全事件也不少，特别是有些如蒙牛、伊利等大型企业也出现过恶劣的食品安全事件。

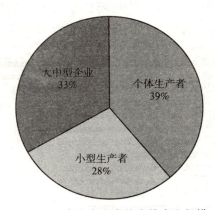

图 3 - 4　食品安全事件中的企业规模

就供应链整体情况来看，发生食品安全事件最多的环节是食品深加工环节，出问题的比例占了所有问题的 58.2%。可见在监管难度越大，信息不对称越严重的环节，越容易出现食品安全问题，如表 3 - 1 所示。

表3-1	食品安全事件发生环节情况统计	
发生环节	频数	比例（%）
食品深加工环节	2516	58.2
农产品/食品零售环节	407	9.3
农产品初加工环节	393	9.1
农产品生产环节	378	8.8
餐饮及食堂	283	6.6
农产品/食品仓储运输环节	132	3.1
农产品/食品批发环节	125	2.9
农产品/食品家庭消费环节	85	2.0

3.1.3 原因属性

研究中将食品安全事件的原因分为了 13 个种类，统计分析发现，最多的原因是在食品中添加有害投入品，这类食品安全事件高达 943 起，其次为要素施用量不当有 900 起，再次是食品制作过程中的人员环境不卫生的 625 起事件，如图 3-5 所示。

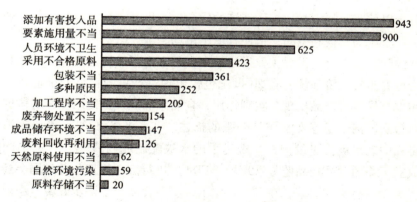

图 3-5 食品安全事件的原因分类

从以上原因类别来看，由人们主观行为导致的事件发生的数量较高，进一步对其进行统计分析发现，人为主观因素导致了 94% 的食品安全事件发生，而由于自然等不可抗逆原因只占了 6%，如图 3-6 所示。

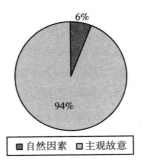

图 3 - 6　主客观行为导致事件的比例

3.2　食品质量安全的发展趋势

食品安全问题是经济发展中出现的问题，随着经济的进一步发展，经过政府应用各种手段进行恰当干预，以及优质企业利用市场竞争发展和壮大之后，安全状况好转是必然的趋势。政府一系列政策法规的出台，为解决食品安全问题提供了法律基础，对促进企业转变起了积极作用。同时，政府执法部门的坚决行动，也对生产不安全食品企业进行了有力的打击，震慑了无良的生产者，给消费者以信心。特别是，市场经济的优胜劣汰机制，会无情地冲击生产劣质品的企业，压缩其盈利空间，迫使其退出市场。

从国际经验来看，世界主要发达国家，基本上都经历过这样一个过程。美国作为世界头号经济强国，在 20 世纪也曾出现过严重的食品安全危机，如过量施用农药导致农产品出现严重副作用，食品添加剂过量使用损害身体健康造成心血管病，甚至还有文学作品夸张的描述"工厂把发霉的火腿切碎填入香肠；毒死的老鼠被掺进绞肉机；洗过手的水被配制成调料……"[①]。美国政府为此成立了美国食品药品监督管理局（FDA）进行综合管理，并且国会还通过了很多与食品有关的法案，在多方作用下，美国食品安全逐步好转，当前很多国家还将美国 FDA 的标准作为了食品安全的标杆。

老牌资本主义国家英国在第二次世界大战后也出现了一个食品安全问题高发的时期，企业的不道德行为不断被媒体披露，消费者食品安全的意识随之增

---

① 资料来自美国著名小说《屠场》。美国出版的《屠场》和《寂静的春天》这两部书籍，描述了大量 20 世纪出现的令人作呕的食品安全事件，民众反响极为强烈，促使美国食药署和环境署对食品问题进行全面治理，相关的理论研究也逐渐发表。

强，学术界的理论研究也逐步深入，比如英国政府成立了独立的食品标准局对食品供应链环节进行管理，促进了英国食品质量提升。①

其他的欧洲国家，比如说法国、德国等，也不同程度出现过食品安全问题频发的情况，并且在由社会合力治理之后得到了改善。我们的近邻日本，也曾出现过食品安全问题，但是日本政府采取针对性措施很好地控制了食品安全问题，如肯定列表制度、JAS 法案等。

从国际经验来看，食品安全问题有一个"库兹涅茨曲线"倒 U 型的过程。在经济发展的起步阶段，由于市场交易不太活跃，食品安全问题发生的频数较低；随着经济的起飞，工业飞速进步，化肥、农药等促进农业增产的化工品被大量生产并应用，各种改善食品外观和口感的食品添加剂被使用，食品安全事件开始爆发，食品安全情况恶化；而随着经济进一步深入发展，当发展到了比较高的阶段时，产业完成了结构调整和升级，人们的食品安全意识增强，食品安全的社会关注程度提升，产品检测手段提高，信息透明度增加，食品安全情况随之逐步好转。也就是说，食品安全问题一般存在先恶化再改善的过程。

但这并不是说，食品安全问题能够随着时间的推移自然而然地解决。由于食品安全具有信息不对称的特点，比如在上文分析中食品安全事件多发于信息容易隐匿的环节，而且不论大型企业还是私人作坊都有食品安全问题发生。因此，食品安全问题需要政府出台措施进行有力的管制才能扭转高发的局面，减少不安全食品对人民群众的伤害，保护消费者合法权益，保障市场经济正常的秩序，维护我国的国际形象。同时，对于企业来说，作为市场经济的细胞更应有一种担当，在当前食品安全频发的阶段，坚持生产安全食品，通过树立企业优质品牌和建立企业信誉的方式，借助市场竞争机制淘汰掉卑劣的对手，获取市场中长期的收益。

3.3　食品质量安全问题与企业行为关系分析②

不安全食品影响了人们的生活，降低了社会福利，为百姓所厌恶、为社会

① 英国在 19 世纪食品掺假、制伪、掺毒现象十分严重，在《论食品掺假和厨房毒物》、《论假冒伪劣食品及其检测手段》，甚至恩格斯的《英国工人阶级状况》等书籍中，都有描述英国恶劣的食品安全状况，这推动英国在 1860 年设立《食品与饮料掺假法》，英国政府逐步开始采取措施管理食品安全，学术界在《柳叶刀》等期刊上也出现了对应的理论研究论文。

② 这一节内容的主要部分，已以论文的形式于 2012 年 12 月发表在《系统工程》。

所摒弃，企业经营者在进行劣质产品生产时，头上始终高悬"达摩克利斯之剑"，时刻面临着法律的严惩和道德的批判。一部分企业经营者颤颤惊惊地进行一段时间的生产后，"金盆洗手"退出了生产，比如有消费者在使用过一段时间的产品后，出现了产品质量问题，上门退货却发现商家已经"关门大吉"；还有一部分企业意识到了自己积累下的罪恶终会暴露，于是"弃恶从善"赎回"原罪"，改变经营方式转向生产高质量的产品，告别不光彩的历史，在诚实守信的经营中取得了不错的成就，比如联想集团曾用过走私的电子元器件，新希望集团销售过高水分玉米做的饲料，东软公司曾欺骗客户购买大量的房地产软件。

　　食品质量安全问题是商品劣质的一种表现，是会直接危害人民身体健康的重大问题。在劣质产品屡禁不止这个问题上，学者开展了许多理论上的研究。在分析我国劣质商品泛滥的原因方面，学者们认为在法制不健全、体制摩擦、产权缺陷、地方保护主义是假冒伪劣产生的外在诱因，市场中信息不对称是假冒伪劣机会主义行为产生的本质原因，高额的利润和低廉的造假成本是企业制假造假的内在动力，消费者有限的支付能力、对品牌的盲目崇拜、信息辨别能力不强和巨大的追责成本是消费者方面存在的原因（柳思维，1996；李保明，2000；夏兴园，2003；高山行，2004；王晓东，2004；杨欢进，2010）。在对假冒伪劣商品的经济学分析中，学者通过建立经济学模型分析了假冒伪劣现象产生的条件、机制、制约因素，提出约束生产者、政府官员和消费者的治理措施（张理智，1994；崔兆鸣，1995；昌忠泽，1998；吴旭东，2002）。在促进商品质量改进方面，学者认为市场结构和产权制度起到了重要的作用，厂商数目的减少和清晰产权的确立能够促进中国企业达到高效率的状态（周黎安，1996；平新乔，2002；张维迎，2002；蔡洪滨，2006；Dana，2010）。

　　目前国内对劣质品生产行为的研究主要放在了政府对市场的监管、制度的完善等宏观管理上，而缺乏对厂商本身的微观研究。本章与以上文献分析的不同之处是将着眼点直接放在了企业生产决策上，将厂商生产行为作为研究对象，分析厂商进入和延续劣质品生产的情况，特别分析厂商"华丽转身"进行优质产品生产的条件，为促进食品安全情况转变提供企业角度的微观解说。

3.3.1　模型基本假设

　　本章在研究中的主要假设是：食品生产厂商如果选择生产劣质商品，随着时间的推进，被外部发现的概率将越来越大，越可能遭到惩罚，因而期望收益越来越低。另外需要说明的是，本书的问题食品是指企业用假冒、欺骗等有违法律和道德的不当行为生产或销售质量低劣的商品，并不讨论在生产中以一定概率分布出现的残次品的情况。

（1）本章假设厂商是追求利润最大化的风险中性的理性经济人，并假定企业存在于完全竞争的市场中，优质品与劣质产品在市场上的价格都是 p，折现率为 δ。

（2）厂商生产劣质产品的成本为 c_l，生产合格产品的成本为 c_h，如果企业按照国家法律生产符合规范的产品，则需要投入较高的成本进行生产，因此有 $c_l < c_h$。

（3）若厂商不按规范生产和销售产品而被查处，势必面临着法律的惩罚，由于国内企业过去的生产情况难以追查，所以假设对劣质产品责任的追究只能针对一期进行处罚，并处以 M 的惩罚。假设优质企业生产的都是合格产品不会出现质量问题，不会受到处罚。

（4）厂商首次劣质产品生产不被发现概率 $\mu_1 (0 \leq \mu_1 \leq 1)$，被发现的概率 $1 - \mu_1$。

（5）劣质企业进行劣质品生产后，随着劣质品的扩散和生产期数的增加，不被发现的概率逐渐降低，被查处的概率逐渐增大，设 θ 为劣质品被查处的风险积累系数，且 $\mu_{n+1} = \dfrac{\mu_n}{1 + \theta}$。

3.3.2　基本模型及分析

（1）厂商生产劣质产品的选择

厂商在选择是否进行劣质产品生产时，要对优质生产取得的永久收益和生产劣质品获得的期望收益进行比较，如果企业只进行 1 期劣质生产获得的收益大于优质生产的永续收益，则企业将选择劣质生产。期望收益如表 3 - 2 所示。

优质企业生产获得的永久收益：

$$V_g = \sum_{n=1}^{\infty} \delta^{n-1}(p - c_h) = \frac{1}{1 - \delta}(p - c_h) \qquad 式（3 - 1）$$

劣质企业每期进行生产时的期望收益为：

$$R_n = \mu_n(p - c_l) - (1 - \mu_n)M \qquad 式（3 - 2）$$

若劣质企业进行 1 期的生产，则期望收益为：

$$R_1 = \mu_1(p - c_l) - (1 - \mu_1)M \qquad \text{式（3-3）}$$

当 $V_g \leq R_1$ 时，代入式（3-1）和式（3-3）求解，此时有：

$$\mu_1^* \geq \frac{(p - c_h) + (1 - \delta)M}{(1 - \delta)(p - c_l + M)} \qquad \text{式（3-4）}$$

若第一期不被发现的概率大于 $\mu_1^* = \dfrac{(p - c_h) + (1 - \delta)M}{(1 - \delta)(p - c_l + M)}$，则企业将选择进入劣质生产，反之则不然。

命题 3-1：若企业进行一期劣质生产时不被发现的概率足够大，则企业将选择进行劣质生产。

如果违法行为不容易被发现，不能被即时处罚，做合法企业的成本较高，收益较低，那么，企业为追求利润最大化，必然将选择生产劣质品。例如，上海"染色馒头"被媒体揭发后，记者深入追查发现，食品监管部门的检查还是在大半年以前，馒头加工厂也是大门紧闭不让外人进入，超市也未对采购的馒头进行检测。在这样的情况下，劣质企业被发现的概率必然很低，利益将驱使企业选择生产劣质品。

表 3-2　　　　　　　　　　　　企业期望收益

	优质生产	劣质生产
发现	$p - c_h$	$-M$
未发现	$p - c_h$	$p - c_l$
进入时期望收益	V_g	R_1
最大长期收益	V_g	V_b

（2）劣质产品的持续生产

厂商选择生产伪劣品后，面对利益的诱惑，尽管知晓迟早会受到严重的处罚，但有时也会铤而走险继续生产。这是因为虽然继续生产被发现的概率越来越大，但是如果足够"幸运"，在足够长的时间里都能获得收益，那么厂商将选择持续进行劣质品的生产。收益如表 3-2 所示。

命题 3-2：当风险积累系数较小时，劣质企业将铤而走险地持续劣质生产。

证明：企业生产劣品产品在第 n 期取得的折现收益 π_n 为：

$$\pi_n = \delta^n \left\{ \frac{\mu_1}{(1+\theta)^n}(p - c_l) - \left[1 - \frac{\mu_1}{(1+\theta)^n} \right] M \right\} \qquad \text{式 (3-5)}$$

若劣质企业足够"幸运"，每一期都不被发现，能得到最大收益 V_b 为：

$$V_b = \sum_{n=1}^{\infty} \left(\frac{\delta}{1+\theta} \right)^n \mu_1 (p - c_l) = \frac{1}{1 - \frac{\delta}{1+\theta}} \mu_1 (p - c_l)$$

$$\text{式 (3-6)}$$

当 $V_g < V_b$ 时，代入式（3-1）和式（3-6），得到：

$$\theta < \frac{(1-\delta)(\mu_1 p - p + c)}{(\delta \mu_1 - \mu_1 + 1)p - c} \qquad \text{式 (3-7)}$$

若取 $\mu_1 = \mu_1^*$，则 $\theta < \dfrac{c\left[(1-\delta)M - \delta p \right] + \delta p^2}{M(\delta p - c)}$，（为简化方程，此处令 $c_l = 0$、$c_h = c$，这样并不影响最终比较的结果）。证毕。

结果说明如果风险积累系数足够小时，厂商选择冒险持续生产劣质产品得到的收益大于好企业永久经营得到的收益，劣质企业有动力持续进行劣质生产。在我们生活中有很多这样"幸运"的不安全食品，比如农药超标的蔬菜、抗生素施用过量的畜禽产品等，这些产品经过多期以后消费者也难以判断其是否安全，因此厂商敢于持续进行违规生产。

（3）厂商停止伪劣品生产的时点

中国有句俗话"不是不报，时候未到"，厂商生产不安全食品的期望收益随着期数增加逐渐降低，理性的厂商会在收益降低到一定程度时选择退出生产，以保留取得的利润。假设厂商在经过一定时期的生产后，由于积累的被发现概率越来越大，劣质企业在期望收益为 0 时选择退出。

设退出的时期为 T_o，当式（3-2）中 $R_n = 0$ 时退出，则：

$$T_o = n = \frac{\ln \mu_1 \left(\dfrac{p - c_l}{M} + 1 \right)}{\ln (1 + \theta)} \qquad \text{式 (3-8)}$$

命题 3-3：当劣质企业不被发现的概率越高、市场价格越高时，劣质企业退出市场的时间越迟；当劣质企业风险积累系数越高、生产成本越高、被处罚的程度越重时，劣质企业退出市场的时间越早。

证明：结论比较明显，由于 $\dfrac{\partial T_o}{\partial \mu_1} > 0$，$\dfrac{\partial T_o}{\partial p} > 0$，因而 T_o 是关于 μ_1 和 p 递增

的；同时由于 $\frac{\partial T_o}{\partial \theta} < 0$，$\frac{\partial T_o}{\partial c_l} < 0$，$\frac{\partial T_o}{\partial M} < 0$，所以 T_o 是关于 θ、c_l 和 M 递减的。

从直观上看，在初始阶段不被发现的概率较高，之后企业收益也相应地较高，企业期望收益降低得较慢，企业选择退出的时间自然越迟；如果劣质企业从市场上获得的收益越高，出于对高额利益的追求，企业会有意愿更长时间地存在；若风险积累系数越高，企业不被发现的概率降低地越快，企业面对的风险越高，企业在市场中期望收益为 0 的时间也越早；如果企业制造伪劣品的成本较高，企业收益降低，选择长期在市场中生产也是不合适的；很明显，当企业面对的惩罚越重时，企业会越早地退出市场，甚至劣质企业根本不敢进入市场。

（4）厂商向优质企业转变的时点

有的企业管理者意识到生产不安全食品并不是企业经营的长久之计，在法律处罚和道德批判的压力下，不少管理者要求企业转型发展。经营者在考虑了企业未来的发展后，会改变经营策略，转向优质品的生产，力争做一个负责任的好企业，实现企业的永续发展。虽然企业"从善"的原因很多，但本书将从收益角度分析企业进行转型发展的原因。企业进行转型决策时需要考虑一定时期的期望收益，在权衡经营高质产品和劣质产品的收益时，若在某一期生产高质量产品取得的收益大于企业生产劣质品和永续经营高品的期望收益，企业将在下一期向好企业转型。

设企业在第 t 期选择生产高质量产品，则未来的收益 $\hat{V}_g$ 为：

$$\hat{V}_g = \sum_{n=t}^{\infty} \delta^{n-t}(p - c_h) = \frac{1}{1-\delta}(p - c_h) \qquad 式（3-9）$$

若企业在 T_c 期选择转型，则选择高质产品取得的收益将大于考虑了未来成为好企业的期望收益，即在该时期进行转型的边界条件为：

$$p - c_h \geq \frac{\mu_1}{(1+\theta)^n}(p - c_l + \hat{V}_g) - \left[1 - \frac{\mu_1}{(1+\theta)^n}\right]M \qquad 式（3-10）$$

得到：
$$T_c = n = \frac{\ln \mu_1 \dfrac{p - c_h + (1-\delta)(p - c_l + M)}{(1-\delta)(p - c_h + M)}}{\ln(1+\theta)} \qquad 式（3-11）$$

命题 3-4：劣质企业考虑了未来的收益后，可以在一定时期转向为优质企业。

国内一些知名企业曾有过不光彩的"前生"，后来完成了从劣质企业向优质企业的完美转型，可谓"浪子回头金不换"，成为了能够取得稳定收益的高质量企业。从以上命题看，如果对未来有一定的关注，在利益的驱动下企业可能会在一定时期向高质量转型，"弃恶从善"是一种提高期望收益的必然方式。国内有这样的企业行为，国际上更加不乏这样的经典案例，比如有的美国企业曾经生产有毒化学农药[①]，有的德国企业曾为纳粹生产战车[②]。

（5）厂商退出和转变的选择

如果企业改变的时点在退出时点之前，劣质企业有理由进行转型生产；如果劣质企业退出时点先到来，企业将会在进行一段时间的伪劣产品生产后直接退出市场。因此，虽然人们希望厂商向生产优质产品进行转变，但是企业并不都会这么做，有的企业很早就选择了退出市场，只有部分企业在退出之前完成了转变。

若企业转型的时点先到来，企业有机会将转向高质量生产，而不是退出市场，那么有 $T_c - T_o < 0$，代入式（3-8）和式（3-11）：

$$\frac{\ln\mu_1 \dfrac{p-c_h+(1-\delta)(p-c_l+M)}{(1-\delta)(p-c_h+M)}}{\ln(1+\theta)} - \frac{\ln\mu_1\left(\dfrac{p-c_l}{M}+1\right)}{\ln(1+\theta)} < 0$$

$$式（3-12）$$

得到：
$$\delta < \frac{P-c_l}{P-c_l+M} \qquad 式（3-13）$$

设 $s = \dfrac{P-c_l}{P-c_l+M}$，如果企业从市场获得的收益很大，极端地假设 $p\to\infty$，那么 $s\to1$，折现率 δ 会小于 s，此时企业转向优质生产去获取永续的高额利益显然优于冒险进行不法经营；若社会对劣质企业处罚很重 $M\to\infty$，那么 $s\to0$，折现率 δ 将大于 s，企业最优的选择必然是尽早停止劣质商品的生产及时退出市场。

命题3-5：当折现率小于 s 时，厂商有时间转向生产优质产品；当折现率大于 s 时，企业最优选择是及时退出市场。

---

① Lessley Anderson 在《华尔街见闻》中提到，美国孟山都公司早期曾生产化学武器、剧毒农药等备受批评的产品，后转型为一家制种和生物基因公司。

② 德国知名的汽车企业比如奔驰、宝马和保时捷，在第二次世界大战中都为德军生产了大量杀伤性武器，战败后这些企业摒弃了战争思维，进行了产品转型。资料来源于科学网，http://blog.sciencenet.cn/blog-555264-962785.html。

3.3.3　算例分析

为了进一步分析企业退出和转型的时点选择，本书将通过假设数据进行更加直观的算例分析来验证以上结论。首先将假设只有产品价格变化下，分析企业转变和退出的时间选择；其次假设在只有惩罚力度变化时，观察企业的时间选择。

在此假设 $\mu_1 = 0.9$，$\theta = 0.1$，$c_h = 3$，$c_l = 0$，$\delta = 0.6$ 为固定值。如表 3-3 所示，假设 $M = 5$，价格 P 在 [4，20] 变化。

表 3-3　　　　　　　　　价格变化下的时点选择

P	T_o	T_c	s
4	5.06	5.72	0.44
5	6.17	6.89	0.50
6	7.17	7.69	0.55
7	8.08	8.27	0.58
8	8.92	8.72	0.62
9	9.70	9.07	0.64
10	10.42	9.35	0.67
15	13.44	10.21	0.75
20	15.78	10.66	0.80

假设价格固定为 $p = 4$，惩罚力度 M 在 [0.5，10] 变化，其他固定值不变，如表 3-4 所示。

表 3-4　　　　　　　　　惩罚力度变化下的时点选择

M	T_o	T_c	s
0.5	21.95	15.06	0.89
1	15.78	12.76	0.80
1.5	12.53	11.10	0.73
2	10.42	9.82	0.67
2.5	8.92	8.80	0.62
3	7.78	7.97	0.57
5	5.06	5.72	0.44
7	3.64	4.38	0.36
10	2.42	3.15	0.29

比较以上算例分析发现，当产品价格越高，企业获益空间越大时，企业选择转型的时点先到来，转向优质企业进行优质品生产是企业合理的选择；而当惩罚力度越大时，进行违规生产的风险越大，企业退出的时点会越快出现，提前退出是企业的最佳选择。

本 章 小 结

首先，根据搜集到的近12年来披露的4302起食品安全事件，对我国食品安全进行描述统计分析，研究发现，在信息不对称的环节发生食品安全事件的比例较高，食品问题绝大多数由主观行为引起。我国近些年食品安全事件频发，食品安全事件披露较为集中的地区是北京和广东，涉及食品安全事件做多的产品是肉制品，食品安全事件中涉及大中小不同规模的企业，主要原因以添加有害投入品为首，94%为主观故意的违法行为。

其次，本书发现不安全食品的出现是市场经济发展中的普遍现象，在一定条件下情况能够好转。基于此判断，本书从厂商角度分析证明，厂商生产劣质产品是在权衡收益和成本后为了追求利润的选择，停止劣质品生产是被惩罚的概率增加导致期望收益降低的结果，而企业转向生产优质产品也是出于对更持久利益的考虑。企业生产劣质产品给人民和社会造成了损失，对劣质产品的防治不能仅仅靠道德进行约束，在市场经济中需要更多的市场手段进行调节。

第四章

企业质量安全信息的发送机理

在第三章描述了目前食品安全情况，指出了企业生产不安全食品和向优质企业转变的动机和时机，认为当食品安全事件频发阶段是优质企业成长的机会。本章的研究在于说明，对于优质企业而言，通过各种途径向外发送信息，展现优质企业能力，是企业获取市场份额、打击不良企业的一种有效手段，就农产品这种存在严重信息不对称的产品来说，发送信息的作用会更加明显。

食品安全具有特殊的性质，从属性上看，食品的安全缺少"搜寻品"和"体验品"的属性，根据达比和卡尼（Darby & Kami，1973）提出的概念，食品安全应属于"信任品"，这种商品特点是卖方比买方有更多关于产品质量的私人信息，而且这种信息不对称在消费者消费后仍然存在，消费者只能依靠外部披露的质量信息才能了解到企业内部质量控制情况。具体来看，食品质量包括食品的外观、口感、营养和安全，消费者可以根据食品的颜色、破损程度辨别食品的外观，也可以根据消费后的体验证明食品的味道。然而，在安全方面，消费者在食用过后仍然无法知晓食物生产中的化学物质是否超标、微生物群落是否合格、放射剂量是否过高，食物在保存过程中是否受过辐照、是否违规使用了保鲜剂，并且这些物质对人体的危害在几年甚至几十年后才会出现，导致此类食品安全问题很难被发现，消费者只能借助披露的质量安全信息才能了解到食品安全程度。

但是，目前的情况是我国食品的信息向外发送不足，不但企业主动披露方面有缺陷，政府方面的信息发布也不充分。首先，国内食品行业主动披露质量安全信息情况让人遗憾。2011 年 7 月 25 日，"商道纵横"作为第三方研究机构对国内包括贵州茅台、青岛啤酒、光明乳业等 18 家食品和饮料知名企业的"可持续发展报告"评估后，尖锐地指出："普遍未充分披露和食品安全有关的信息，且披露的信息大多是概括式的陈述，内容空洞，未对包括杜绝使用食品添加剂的措施等重点信息进行披露。"其次，当前我国行政机关对食品安全信息的披露也明显不足，目前从国家卫生部、农业部、质检局和工商局官方网站上很难完整查到食品质量安全信息，食品安全信息管理体制分散，信息采集能力弱，缺乏统一的信息发布平台，信息披露的力度与发达国家差距较大，远远不能满足社会对食品安全信息的需求。

本章首先将概述目前食品安全中关于信息传递的研究，其次将运用信息传递模型分析信息连续条件下企业的收益，然后比较国内外信息传递的情况，最后分析总结市场中企业不同的信号传递方法。

4.1 质量安全信息发送的相关研究

在市场中，只有食品提供者才确切地知道质量安全水平，但提供者为了谋取最大利润倾向于降低质量安全标准，而质量安全控制降低之后食品的质量问题会逐渐暴露出来，消费者随之对食品的评价降低、支付意愿减少，如果没有恰当的机制，企业会进一步降低质量控制标准以减少成本，结果形成不安全食品充斥的"柠檬市场"（Akerlof，1970），为了避免低效率市场的出现，交易的卖方将进行信号传递（Spence，1974），对应的买方会采用信号甄别（Rothschild and Stiglitz，1976）。食品市场中，消费者没有足够能力或需付出巨大成本对食品进行甄别，为了维持市场的存在，需要食品企业主动披露食品质量安全信息，比如由第三方对企业考核，展示企业的生产过程，颁发相关的资质认证，如 ISO、HACCP、绿色食品、有机食品等等；另外，也需要国家通过法律强制要求进入市场的食品必须标注一定的质量安全信息，如保质期、生产者名称等基本信息。

在具体对食品安全的经济学研究中，学者十分关注政府如何监管食品安全问题，认同信息不对称是食品安全的重要问题，政府应着眼于建立信息披露制度和信息传递机制。在食品安全信息披露研究中，学者（王秀清，2002；周德翼，2002；周应恒，2003）分析了国内食品安全信息披露的问题，并比较了国外关于食品安全信息披露制度和方法（方海，2006；范春光，2008），阐述了食品相关主体之间信息交流的具体措施（刘畅，2011），提出了一些改进国内食品安全信息披露的建议（李红，2009）。

对食品安全的经济分析中，现有文献都强调了向外传递信息对维持食品市场的重要性，认为建立信息披露机制是保障食品安全的重要措施，但是对信息披露后如何分离高质量安全食品与不安全食品还缺少研究。

本章运用信号博弈模型证明信息披露对识别食品质量安全具有重要意义，重点讨论信息披露在保障消费者对食品安全完全信任中的重要作用，通过建立消费者与生产者的信号博弈模型找寻动态均衡路径，分析加强国内食品企业质量安全信息披露的必要性和促进高质量食品企业主动披露信息的价值，并针对现阶段我国食品安全信息披露出现的新问题，结合已有理论文献进一步分析国内食品安全形势。

4.2　食品质量安全信息披露博弈模型分析[①]

在市场中食品企业向消费者披露食品安全信息是一个不完全信息动态博弈过程，企业和消费者最终可能达到一个动态的均衡。由于消费者很难知道企业内部质量安全信息，需要根据企业发出的信息才能对食品安全进行判断，食品企业如果能披露足够多的食品安全信息，就能得到消费者的充分信任，实现与不安全食品的分离，树立企业和产品的高质量形象。

4.2.1　信号博弈过程

博弈主体为食品企业和消费者，企业为信号发送者，消费者为信号接收者。首先企业生产一定质量 q 的产品，并向消费者发送一定的质量信号 s，消费者接受信号并根据披露的信息和先验知识形成期望质量 $E(q)$ 并选择产品，最后企业接收到来自消费者的反馈信息。企业得到反馈后，根据市场价格和生产成本决定下一期的产品质量和需要传递的信号。博弈过程如图 4-1 所示。

---

① 本节内容涉及的信号博弈模型，已经整理并以论文形式发表于 2012 年 1 月的《经济与管理研究》。

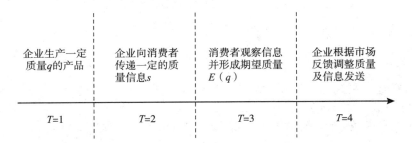

图 4-1 质量信息发送博弈过程

4.2.2 信息披露的完全分离均衡路径

假设企业生产的产品质量 q 为企业的私人信息，企业向外界披露质量安全情况的成本为 $c(q, s)$，成本 c 是关于 q 和 s 的函数，并且满足 $\frac{\partial c_H}{\partial s} < \frac{\partial c_L}{\partial s}$，$H$ 代表质量安全企业，L 代表低质量安全企业。也就是说越安全的企业披露相关质量信息的成本越低，满足单交点分离条件的要求。（现实中，安全企业的质量控制十分完善，企业披露质量安全信息可能造成的损失将小于不安全企业的损失，因为随着向外界披露信息程度的加深，不安全企业越难以掩盖缺点，被惩罚的概率增大，惩罚带来的损失增加，信息披露的期望成本提高。）

如果质量安全类型是连续分布的，则单交点条件为 $\frac{\partial^2 c(q, s)}{\partial q \partial s} < 0$，$c$ 关于 s 凸向原点单调递增且关于 q 是单调递减的，这样保证成本曲线在空间中只相交一次，且越安全的食品产生的边际成本越低。

消费者不知道食品生产过程中的质量安全情况如何，只知道作为公共信息的质量安全食品的分布函数 $f(q)$，消费者结合企业发送的信息推测食品安全的概率为 $\mu(q|s)$，最后消费者以期望的质量安全 $E(q)$ 选择产品。

安全企业披露质量安全信息后，获得的产品收益减去信息披露成本后取得的收益仍然要大于选择混合策略的企业（这里指不向消费者披露相关信息，造成消费者缺少信息而无法正确识别产品安全情况，只能根据公共信息推断产品质量的企业）。假设消费者对混合策略企业的期望质量为 $\bar{q}$，则企业最大化收益决策时，需要满足：

$$E(q) - c(q, s) \geq \bar{q} \qquad \text{式（4-1）}$$

本书假设食品的安全情况 q 在区间 $[0, \theta]$ 均匀分布，企业发送信号

的成本为 $c(q, s) = m\dfrac{s}{q}$，m 为大于零的常数，消费者对产品质量的期望 $E(q) = q\mu(q \mid s)$。

则企业的利润为：　　$\pi = E(q) - c(q, s) = E(q) - m\dfrac{s}{q}$　　式（4-2）

为了分析分离均衡，单交点条件必须满足，在此检验得到 $\dfrac{\partial^2 c(q, s)}{\partial q \partial s} = -\dfrac{2m}{q^2} < 0$。

设消费者对企业披露信息形成的期望为一个关于获得信息的函数 $\hat{q}(s)$，以表示消费者对质量的选择意愿，消费者期望的质量安全情况 $E(q) = \hat{q}(s)$，所以企业的利润为：$\pi = \hat{q}(s) - m\dfrac{s}{q}$，企业利润最大化下对 s 一阶求导得到：

$$\frac{\partial \pi}{\partial s} = \frac{\partial \hat{q}}{\partial s} - \frac{m}{q} = 0 \qquad 式（4-3）$$

在均衡情况下，企业选择需要披露的信息 s，消费者能够通过企业传递的信息 s 正确的判断产品的质量 q，消费者的信念与行为一致，所以有 $\hat{q}[s(q)] = q$，再对 s 求导有 $\dfrac{\partial \hat{q}}{\partial s} = \left(\dfrac{\partial s}{\partial q}\right)^{-1}$。代入上述一阶条件式（4-3）并求微分方程，得到企业披露信息时的分离均衡战略：

$$s^* = \frac{q^2}{2m} + C \quad (C \text{ 为常数}) \qquad 式（4-4）$$

同时可得：　　　　　　　$q^* = \sqrt{2m(s-c)}$　　　　式（4-5）

高质量企业为了实现分离而选择的最低质量需要在边界上满足：$q^* - c(q, s) = \bar{q}$，q^* 表示在均衡时企业选择的质量，$\bar{q} = E(q \mid q \leqslant q^*)$ 表示消费者对质量小于 q^* 时的期望质量，即在边界条件下：

$$q^* - c(q, s) = E(q \mid q \leqslant q^*) = \frac{\int_0^{q^*} qf(q)\,dq}{F(q^*)} \qquad 式（4-6）$$

将式（4-5）代入式（4-6）式可知：

$$q^* - m\frac{s}{q^*} = \frac{\int_0^{\sqrt{2m(s-c)}} q\,\dfrac{q}{\theta}\,dq}{\int_0^{\sqrt{2m(s-c)}} \dfrac{q}{\theta}\,dq} \qquad 式（4-7）$$

对式（4-7）求解可得：$C = -\dfrac{1}{2}s$，代入式（4-4）和式（4-5）得到

均衡时：

$$s^* = \frac{q^2}{3m}$$

以上的贝叶斯分离均衡中消费者合理的后验概率为 $\mu(q^* \mid s) = 1$，$\mu(q \neq q^* \mid s) = 0$。也就是说，如果企业披露的信息足够多 s^*，则消费者以 1 的概率信任食品的安全情况为 q^*；当企业披露的信息没达到 s^* 时，消费者不能完全相信产品的安全情况。

分析以上结果得到，质量安全为 q 的产品需要披露的最少信息为 $\frac{q^2}{3m}$，这个均衡结果意味着越是安全的产品，需要越多地披露关于产品质量的信息。消费者虽然不能直接观测企业的质量安全情况，但通过观测企业披露的信息能够对企业产品的质量进行正确地推断。

命题 4-1：若要实现安全食品与不安全食品的分离，获得消费者对安全食品的认同，需要企业披露足够多的质量安全信息，披露出不安全食品企业难以模仿的安全信息。

如果市场中缺少足够安全的企业，披露信息的期望成本对所有企业来说都太高，披露信息使得企业不能获益，式（4-1）不能成立，造成消费者不能对安全产品产生完全的信念，只能根据公共信息判断整体市场质量分布形成期望质量。如果在极端的情况下，所有企业都不披露安全信息，消费者只能用公开信息以平均期望质量选择产品，则市场将进行逆向选择，形成"柠檬市场"向低质低价发展，最终市场甚至将不存在安全食品。政府强制企业披露部分食品安全信息的意义就在于保持社会对质量安全的基本信任，维持市场的存在，而要实现消费者对质量安全的信任还需要披露足够多的食品安全信息。

推论：如果所有企业不能披露足够的信息 s^*，则市场不能完全区分食品质量安全情况。

4.2.3 披露质量安全信息对企业的收益

在完全信息环境中，消费者能够正确了解企业生产的食品质量，因而企业发送的信号将与产品质量无关，披露信息只能增加企业的成本，从全社会的角度看是一种效率的损失。但是，现实市场中存在信息不对称，需要企业披露一定的信息以维持市场存在，更需要安全的企业不断发送信息以显示自己的高质量。从企业角度分析，企业发送内部质量安全信息能让消费者对食品的质量更加放心，还能展现出产品真实的质量价值来提高企业的收益，披露安全信息对高质量企业来说是有益的。

假设企业生产食品的质量函数为 $q(a, s)$，a 是外界无法直接观察到的，是企业私有的能够生产安全食品的一种质量控制能力；s 是外界能够观察到的，企业对外披露的安全信息。在均衡状态下：

$$\hat{q}(s) = q(a, s) \qquad 式（4-8）$$

若越是质量控制能力高的企业生产的食品安全性越高，则产品质量安全 q 是关于企业质量控制能力 a 的增函数，即 $\frac{\partial q}{\partial a} > 0$。对式（4-8）进行变形，可以得到关于连续的企业能力 a 的函数：$a = A(\hat{q}, q)$。因此，式（4-8）可以表示为：

$$\hat{q}(s) = q(A, s) \qquad 式（4-9）$$

对式（4-9）全微分可得：

$$\frac{d\hat{q}}{ds} = \frac{dq}{ds} + \frac{dq}{dA}\frac{dA}{ds} \qquad 式（4-10）$$

由于质量关于企业的能力是递增的，则 $\frac{dq}{dA} > 0$；质量安全性越高的企业越敢于发送质量安全信息，则 $\frac{dA}{ds} > 0$；因而得到：$\frac{d\hat{q}}{ds} > \frac{dq}{ds}$。说明在均衡时，由于存在私有的质量安全控制能力 a，企业发送安全信息时从消费者处取得的期望质量大于披露出的质量，因此向外界传递质量安全信息对企业来说是有利的。

命题 4-2：由于食品安全控制信息是私有的，食品企业能够从披露质量安全信息中获利。

以上模型分析说明了足够的信息披露对消费者分辨安全食品的重要性，并且信息披露对食品企业也是有利的。国际上的实例不但强调信息披露对维持市场的作用，而且还要求用更多的信息披露来获得消费者对食品安全的信任，同时国外企业也积极主动披露安全信息以增加收益。

4.3　国外食品安全信息披露情况

国际社会认识到食品质量安全的特殊性，普遍运用信息披露机制以解决农产品质量安全的信息不对称问题，并且为了获得消费者对食品安全的信任，各国采取许多约束机制和激励机制让企业披露更多的质量信息，要求食品企业信息披露的内容和程度加深。一方面，各国政府出台了不少法律和政策，要求企业必须披露质量安全信息，比如农产品的原产地信息、食品的生产日期等基本信息，提升消费者对食品安全的信心。另一方面，高质量的生产者为了将其产品与低质产品进行区分，也主动向市场披露更多的质量控制和安全管理的信息，展示企业在生产过程中拥有能够保证食品安全的绝对质量控制能力，通过与消费者的信息交流来增强消费者对企业的信任。

4.3.1 美国食品安全信息披露相关法律健全

美国是世界上食品安全立法十分完善的国家，食品安全的信息披露以"公开为原则、保密为特例"作为立法导向。在食品信息相关的法律中，除了基本的食品安全法外，还有一些特别的法规，如《联邦食品药物和化妆品法》、《鱼贝类产品的原产国标签暂行法规》、《公平包装及标签法》。

美国在处理食品安全问题时，首先从公开政府自身信息做起，大胆公布了FDA内部相关的政府信息，将食品安全的相关规则和立法流程信息向社会公开，接受民众监督。其次，联邦政府建立了以"食品安全网"为核心的食品安全信息发布平台，向社会公布政府部门和地方政府获得的食品安全信息，在民众广泛地掌握食品安全事故和各种安全问题的信息后，政府的监管和处理手段能更好地发挥作用。最后，美国政府通过立法强制企业披露更多的信息，以确保食品安全可信。例如，在《2002公众健康安全和反生物恐怖预防应对法》中明确要求食品企业对食品生产和流通过程的信息进行备案，收到食品安全审核的企业必须在4～8小时内提供货物来自何处、与何人交易、标签号码等信息。

4.3.2 欧盟食品安全信息披露要求严格

欧盟的食品具有很高的安全水平，欧洲成立有专门的食品安全局负责搜集、分析并发布食品风险信息，该局时常邀请消费者代表参观管理局办公流程，及时公布该局掌握的食品安全信息，该局还建有可共享的食品成分数据库，便于学者的研究和企业的数据挖掘。欧盟对食品成分的标注要求十分严格，不但所有成分要标注，还要求列出可能导致过敏的成分。欧盟1990年出台的《关于食品营养标签指令》要求，食品成分、转基因食品、有机食品、饲料类别，以及发生过重大食品安全问题的牛肉制品，这些与消费者健康密切相关的内容必须进行标识。欧洲为确保食品安全可信，对食品安全信息披露日益严苛，如欧盟在疯牛病后要求牛肉上必须标注出生地、培育地、屠宰地和分割地等精确信息，《欧洲有机法案》对有机农产品的资料投入、生产过程、流通环节也进行了严格可追溯约束。欧盟内部的一些国家如英国、德国、法国和荷兰，在食品安全上还有进一步的管制措施，以规范国家内部农业质量安全信息的管理。

4.3.3　日本食品安全标准严苛、注重信息交流

日本是世界上人均寿命最长的国家，社会十分强调食品的安全卫生，国家有一套严格的食品安全信息公开制度，日本的行业协会也会主动披露更多的食品安全相关信息，与消费者建立长期关系进行信息交流。日本施行的 JAS（Japanese Agriculture Standard）法案要求所有销售的食品必须详细标出生产厂家、生产日期、所含成分等信息，要求生产者记录、保留和发布相关生产信息。并且日本的全国农协组织还通过互联网平台向社会公布其成员销售产品的全部信息，甚至包括了农药使用次数和使用量、采摘时间等具体信息。还有的企业主动在食品上附上手机识别码，消费者通过智能手机能够看到产品生产者的照片、农场环境和生产过程等更全面的信息。

日本食品企业在安全管理上更注重的是生产者与消费者之间的风险信息交流。日本政府在认识到信息交流沟通的缺失是导致消费者食品安全信心缺乏的重要原因之后，启动了以信息交流为特征的"食品安全交流项目"（Food Communication Project，FCP），加强企业与消费者的交流，促进消费者有更多信息能对企业的食品安全进行监督，提升了日本社会对食品安全的信心。在日本还有名为"生产协同组合"的非政府组织（简称"生协"），该组织是具有消费者协会和零售商双重身份的全国性组织，其为消费者和生产者搭建了良好的信息交流平台，生产者会邀请"生协"会员观察和跟踪农业生产，鼓励消费者参与并监督农产品生产的全过程，积极满足"生协"提出的减少农药和化肥施用的要求，达到让消费者知晓食品安全完整信息并取得消费者信任的目的。

如上文模型的分析结论表明的那样，美国、欧盟和日本为了让消费者信任生产的食品安全，各方用不同的方法披露更多的质量安全信息，有的是政府强

制企业披露更多信息，有的是企业积极与消费者交流主动披露。信息披露不但能够使消费者产生信任，而且还能够给好企业带来收益，命题 4 - 2 为以上案例中企业积极参与信息披露提供了理论解释。

4.4　企业食品安全信息发送的多种方式

优质的食品生产企业有多种方式向外传递食品安全信息，比如说品牌广告、质量认证等主动发送信号的方式，但是就食品行业来说，还有一些比较有趣的信号传递的方式，例如一些特别优秀的企业甚至不主动传递信号，而有些老字号企业历久弥新，用时间证明了自身的价值。上文比较了国外企业和政府信号传递的若干好方法，下面将进一步分析食品企业信号传递的不同方式。

4.4.1　"反信号发送"下最优秀企业不发送信息

如果仅将企业质量划分为高和低来看，高质量类型为了将自己与低质量类型相区别需要披露足够的质量信息，但是在现实生活中存在着当高质量的企业在质量足够好时却不发送信号，而只有中等质量的企业向外发送信号以将自己从低质量企业中分离出来的情况。在食品企业中也有很多"中华老字号"从来不在电视广告中出现，这些卓越的食品企业不传递质量信号的现象可以用"反信号传递"理论进行分析。

考虑一个简单的情况，假设市场中存在高质量、中等质量和低质量的三种类型企业生产的产品，分别表示为 H、M 和 L，集合 $Q = \{L, M, H\}$，设质量为 $L = 2$，$M = 7$，$H = 10$，高质量与低质量完全区别，高质量为区别于中等质量需要付出 c' 单位的成本进行信号发送，假设中等质量为区别于低等质量需要 0.8 单位的成本，而低质量模仿中等质量需要付出 1.5 单位的成本。市场中由于高低质量企业都不披露信息，高质量企业不发送信号而被认为是高质量企业概率为 $p_H(H \mid s = 0) = \frac{4}{5}$，低质量企业不发送信号而被认为是低质量的概率为 $p_L(L \mid s = 0) = \frac{4}{5}$。则存在市场对高质量和低质量的期望分别为：

$$E_H(H \mid s = 0) = 10 \times \frac{4}{5} + 2 \times \frac{1}{5} = 8.4,$$

$$E_L(L \mid s = 0) = 10 \times \frac{1}{5} + 2 \times \frac{4}{5} = 3.6$$

市场对不发送信号的中等质量企业判断的概率相同，则：

$$E_M(M \mid s = 0) = 10 \times \frac{1}{2} + 2 \times \frac{1}{2} = 6$$

企业观察到市场的判断后，形成对自身产品的质量期望 $\tilde{q}$：

$$\tilde{q}_H(H \mid s = 0) = 8.4 \times \frac{4}{5} + 3.6 \times \frac{1}{5} = 7.44,$$

$$\tilde{q}_L(L \mid s = 0) = 8.4 \times \frac{1}{5} + 3.6 \times \frac{4}{5} = 4.56$$

因为 $\tilde{q}_H(H \mid s = 0) > M$，所以高质量企业不披露信息就已经可以与中等质量产品相区别，如果为了与中等质量企业相区别需要付出较大的成本 c'，则高质量企业不会付出成本发送信号，并且低质量企业模仿中等质量去披露信息也是显然不利的。而 $E_M(M \mid s = 0) < 7 - 0.8$，所以中等质量的企业必须向外界传递自身信息实现与低质量相区别才能取得较高的收益。

更一般的表述为，假设 H、M、L 发送信号的战略集为 $\{s^*, s_M^*, s^*\}$，存在着外部噪音 x，使得消费者不能通过企业发送的相关质量信息准确判断地企业质量，并且企业也知道这种噪音存在，x 作为公共信息的条件概率分布为 $g(x \mid q)$。消费者的后验概率为：

$$\mu(q \mid s, x) = \frac{g(x \mid q)f(q)}{\sum_{\{q' \mid s_{q'} = s\}} g(x \mid q')f(q')} \qquad 式 (4-11)$$

消费者对质量的期望收益为：

$$E(q) = \sum_{q' \in Q} q'\mu(q' \mid s, x) \qquad 式 (4-12)$$

质量类型为 q 的企业发送信号 s 时的期望质量为：

$$E_q[q' \mid s, q] = \int_{x \in X} E(q)g(x \mid q)dx \qquad 式 (4-13)$$

假设中等质量企业发送信号 s_M^*，在分离低质量均衡状态下 $E_M[q' \mid s_M^*, q] = M$。

如果高质量企业和低质量企业发送相同的信号 s^*，则质量为 q 的企业发送信号 s^* 的期望质量为：

$$E_q[q' \mid s^*, q] = \int_{x \in \{L, H\}} [\mu(L \mid s^*, x)L + \mu(H \mid s^*, x)H]g(x \mid q)dx$$

$$式 (4-14)$$

并且在均衡时，企业的混合期望质量等于顾客的混合期望质量。

若 $E_L[q' \mid s^*, L] < E_M[q' \mid s_M^*, M] < E_H[q' \mid s^*, H]$ 成立，则会出现"反信号传递"。

反信号均衡中最高质量的企业不传递信号，而只是中间质量的企业披露信息，高质量企业的这种自信来自于其卓越的质量可以通过其他方式影响市场，没有必要花费成本向外界传递信号。这也是某些最有品位的"中华老字号"位于偏僻的角落、不主动打广告做宣传的原因之一①。

4.4.2 时间作为质量信号向外发送

现实中处处都充满了信息不对称，一般消费者是很难观察到企业的私有信息，但是时间却能很好地被消费者观察到，也能很好地被当作一种表现企业质量的信号。积累的时间是一种持续的信号发送器，一方面企业持续经营的时间越长，越能说明企业质量经历的考验越多，如在上文4.3节所述的那样，如果企业在过去生产的产品质量差，企业很难继续被消费者认同，在市场竞争环境中必将会被淘汰，劣质产品同样还会受到监管机构严厉处罚造成企业的经营难以为继，所以时间能够很好地反映企业质量控制能力的稳定性；另一方面，企业从事食品生产越久，就间接表明它更多地失去了在其他方面发展的机会，企业经营的机会成本很高，能力越高的企业由时间形成的影子价格也将越高。所以，如果一个有实力的大型集团长期关注于食品的生产，也就间接地向外传递了高质量的信号，因为他们完全可以将有限的精力放在其他收益更好的方面。这也解释了一些知名白酒企业偏好宣传企业悠久历史，甚至追溯到企业最古老的酒窖，但却不披露生产中具体质量管理过程的原因。

时间信号也可以作为原因解释上文"反信号传递"中最高质量企业影响市场的一种方式，消费者可以根据企业存在的时间修改对不发送信号企业质量的判断。在同时面对都不披露制作信息的百年酒窖和新开酒厂时，理性消费者必定不会怀疑前者优质于后者。②

但是，必须强调的是，食品直接关系到群众的身体健康甚至生命安全，食品企业肩负的食品安全责任重大，国内的食品企业除了部分酒类企业外，多数成立的时间较短，而一般通过广告宣传炒作的食品企业也难以被消费者认同，

---

① "老干妈"作为一家辣椒酱企业，没有在广告上进行投入，凭借产品的质量，蜚声海内外。

② 国内酿酒企业将时间作为信号发送的手段非常普遍，比如茅台酒就将企业制酒成名的时间放在了民国时期，同样还有国窖宣传酿酒始于1573年等。

整体上缺少合适的外生变量能够影响市场对质量预期，不大适用"反信号传递"的手段。比较切实可行的方法还是有高质量控制能力的企业，更频繁更主动地与消费者沟通，大胆向消费者披露自身的质量控制信息，传递低质量企业难以模仿的信息，让消费者更加正确、更加放心地购买。

4.4.3　质量安全信息发送的一般方式

鉴于我国市场经济发展尚不完善，当前农产品质量安全情况严峻，市场中缺少质量安全管理优秀的生产企业，消费者也缺乏识别农产品质量安全的基本信息，所以现阶段应当更加提倡的是企业通过多种方式发送信号，向市场传递质量安全信息。企业向外发送信息是一种有成本的行为，高质量企业付出之后能获得更多的收益，因而更有动力主动采取各种形式发送信息，企业常规的方式有品牌宣传、质量认定和信息追溯等形式。

（1）农产品品牌

营销学家菲利普·科特勒（2009）将"品牌"定义为：一种名称、标记、符号或设计，或是他们的组合运用，其目的是借以辨别某个销售者或某群生产者的产品或服务，并使之同竞争对手的产品和服务区别开来。品牌通常包括品牌名称、品牌标志等，名称、标志等按照法律程序注册后，就成为了商标，企业对商标拥有排他的使用权，但是商标不等于品牌，品牌有更深的市场含义，不但代表了企业对产品质量的承诺，而且象征着独具特色的企业文化和企业价值，也体现着消费者对产品的认同和偏爱。

企业注册商标、广告宣传和培育品牌等行为，都是企业在向市场发出信号，通过一种付出较高代价，向消费者表达自身产品与一般产品不同的行为，通过向消费者传达产品质量更有保障的信息，表明企业销售的食品后面有更高的机会成本。同时，品牌也是企业通过主动展示形象，减少消费者购买过程中的信息搜寻成本，增进消费者收益的行为。

农产品品牌按照主体的不同，可以分为生产商品牌和中间商品牌，其作用基本相同，都是实现与竞争者相区别，用简易的方式向消费者表达产品质量上乘的信息。知名的农产品生产商品牌，如金健大米、金龙鱼食用油、稻香村糕点等，通过品牌形象引导消费者购买，用品牌向消费者保证企业更加注重产品的生产质量。知名的中间商，如物美、沃尔玛超市，用品牌向消费者保证着产品进场时质量安全检验更加严格，提供着能让消费者更加放心的食品。

我国农产品最有特点的是原产地区域品牌，由于我国幅员辽阔、资源丰富、饮食文化多样，以原产地名称命名的农产品具有很强的市场竞争能力，比如耳熟能详的"安溪铁观音"、"吐鲁番葡萄"、"库尔勒香梨"、"阳澄湖大闸蟹"等等。原产地区域品牌是一种证明名、特、优农产品原产地水土气候条件、耕作方法、独特优秀品质的载体，由区域的历史文化来孕育和丰富其品牌内涵，包含了一般产品商标所不具备的独特性、质量保证等信息，是某个区域的农业企业或家庭的集体行为的综合体现，代表着一个地方农产品的主体和形象，形成了地域内农产品的知名度、美誉度和忠诚度。区域品牌传达的是一种集体的信息，有着"一荣俱荣，一损俱损"的特点，背后有着某种类似的"连带责任"，在消费者控制能力有限而质量安全信息十分不对称的条件下，通过区域内部激励机制维护农产品质量安全的方法，能够有效约束分散化信息，维护区域内部整体产品质量安全稳定。

（2）农产品质量认证

农产品的分级和认证是第三方对农产品质量进行检查，通过一些技术手段对农产品进行评价和定级后，对达到标准的农产品颁发认证标志。该标志是专业的第三方机构对农产品进行的质量担保，是一种传递农产品质量安全信息的载体，不同的认证标志代表不同质量水平。农产品包装上的认证标志能够减少消费者信息搜寻成本，将质量安全信息便捷地传递给消费者。在农产品质量安全存在信息不对称的情况下，第三方对农产品生产者的检测和监督是一种高成本的信息甄别行为，该行为能够降低由信息不对称所引发的道德风险，通过认证标志的形式向市场传递有担保的质量安全信息。

我国目前对农产品的认证简称"三品"，即无公害农产品认证、绿色食品认证、有机食品认证，认证按照以无公害农产品认证为基础，以绿色食品认证为方向，以有机食品认证为补充的"三位一体、整体推进"格局发展。在对农产品质量认证中，还有一种生产质量体系认证，由于我国农业生产以小规模家庭生产为主，在生产全过程实施体系认证成本较高，但是随着消费者对食品安全的要求提高，对食品生产过程也越发关注，各种质量生产过程控制体系应运而生，比如良好农业规范（GAP）、危害分析和关键点控制体系（HACCP）、食品质量安全体系（SQF）、卫生标准操作程序（SSOP）、ISO9000、ISO14000等，甚至不少欧美发达国家已经将体系认证作为了进口农产品的标准。

（3）农产品信息追溯体系

农产品信息追溯体系的基础是产品标签，通过标签记录农产品的名称、产地、营养成分、品质、价格、保质期等简单信息，并将相关信息传递给需要方。随着人们对食品安全程度关注提升，食品标签中的简单信息不能满足人们对食品质量的信息需求，政府监管中也要求获得整个环节更多的信息，可见市场对整个供应链进行信息追溯的需求十分迫切。在飞速进步的信息技术的支持下，比如 RFID、GPS 等新技术，各环节中的不同信息将实现海量存储记录，信息能够更加及时、准确、详细地传递到消费者和监管者的手中。由此，基于信息技术的农产品信息追溯体系也就建立起来。

国际标准化组织（ISO）把可追溯性的概念定义为"通过登记的识别码，对商品或行为的历史和使用或位置予以追踪的能力"。信息追溯对追查农产品质量安全责任主体有十分积极的作用，能够倒逼参与追溯体系的企业加强质量安全管理，反过来看，敢于加入农产品质量安全追溯体系的企业，也是在向外部发送产品质量合格的信息。质量安全追溯体系对于政府监管的作用不言而喻，能够减少政府监管的成本，加强执法的针对性。从供应链角度看，信息追溯也是实现农产品供应链信息共享的方法，通过质量信息的共享能够提高供应链效率，减少企业之间由信息不对称引起的效率损失。但是，由于我国特殊情况，生产端的信息都十分分散，实施完全的信息溯源有一定的难度，如何激励农户参与是一个十分迫切的问题。对于此问题将在第六章进行详细论述。

（4）新兴的质量信息发送方式

农产品质量安全信息传递方式多种多样，随着社会需求的提升和科学技术的发展，不断出现新的信息发送和传递的形式，比如利用移动通讯技术识别农产品质量安全，农业企业通过微博即时发布生产情况等等。

农业企业积极运用现代网络技术向消费者发送信息，运用互联网技术和全球定位技术，主动将农产品的生产信息、运输信息和销售信息向外发布，消费者应用互联网在家里就能够即时查询农产品相关信息，比如山东一些企业所采用 ChinaTRACE 物联网信息系统。[①]

---

① 国家食品安全追溯平台（http://www.chinatrace.org）是国家发改委确定的重点食品质量安全追溯物联网应用示范工程，主要面向全国生产企业，实现产品追溯、防伪及监管，由中国物品编码中心建设及运行维护，由政府、企业、消费者、第三方机构使用。资料来源：中国物品编码中心。

微博、微信等作为自媒体时代的信息交流平台，在近年来迅速兴起，有的农业企业也开始注册微博和微信，通过其平台向"粉丝"发布企业农产品的生长情况、生产情况、加工情况等信息，让消费者更加及时地获得已经消费或者将要食用的农产品的信息。比如在青岛市内有的蔬菜被贴上了二维码，消费者利用手机扫描二维码之后，就能获取并查询该产品的信息，还能通过加关注等手段与该产品的生产企业互动交流。

不论是企业是利用品牌推广、获取认证和实施追溯等传统手段，还是采用微博微信等新兴手段对外传递信息，其实这些手段和方法万变不离其宗——都是高质量企业在要向外界传递更多的信息，与低质量企业相区别，以获得更多的长期收益。

本 章 小 结

食品安全由于具有"信任品"的属性，存在严重的信息不对称，为了避免市场转变为无效率的"柠檬市场"，最基本的办法是企业披露足够的信息。本章发现：首先，就目前情况来看，我国企业在自主披露信息这方面的做法不尽如人意，同时政府在立法和执法上对食品安全相关信息披露的力度也还不够。美国、欧盟和日本等国家在食品安全监管上，特别是在对信息披露上有着严格的要求，并且有一些可资借鉴的方法。

其次，本章通过一个质量连续的信号发送博弈模型，证明当达到动态均衡时，高质量企业需要向外传递更多的质量安全信息，并且这样对拥有私有信息的企业而言也是有益的。由此，本章分析得出：在质量安全控制方面越优秀的企业，越需要传递更多的相关信息，通过更多的信息披露实现与低质量企业的差异化，特别是在当前食品安全问题较严重的时期，这种方法不但能挽回消费者对市场的信任，更能使企业获得长期的收益。

最后，在企业向外传递食品安全信息的具体方式上，本书说明了一种"反信号"传递的方法和用时间作为信号放松器的特殊方法，另外展示了农产品品牌、质量认证、追溯体系和新兴的微博、微信等的一般的信息传递方法。

第五章

消费者获知质量安全
信息的机理分析

在上一章中论述了生产安全食品的优质企业向外发送信号的原因和意义，本章将从市场需求角度阐述消费者获得信息对企业加强质量安全管理的作用。社会上受食品安全问题影响最直接的是普通消费者，因为不安全的农产品会损害消费者的健康、降低消费者生活水平、增加消费者购买风险，所以消费者也十分需要去主动获取农产品质量安全的相关信息，提高对品质的判别能力，减少不安全食品可能对自身造成的危害。消费者如果能够辨别农产品的质量，从而主动规避不安全的农产品，并认可价格较高的优质农产品，那么企业也会加强食品安全的管理，增加在农产品质量上的投入，形成农产品优质优价的良性局面。

现有对消费者调查的实证分析表明，消费者对安全农产品有着很高的关注度和支付意愿，然而如果要将高的支付意愿要转化为实实在在的消费者行为，则需要加强信息传递使消费者产生信任后才能实现。而反过来看，如果消费者能够获得相关信息并信任农产品的质量安全情况，那么会对农产品供应链中企业的行为产生何种影响呢？

本章首先将总结概括相关已有的研究，其次分析消费者能够获知质量信息和不能够获知知质量信息这两种情况下企业的质量控制行为，再次通过斯坦克伯格博弈模型分析企业的质量投入和市场价格情况，最后总结国内外一些消费者主动获得质量安全信息的方法和渠道。

5.1 消费者认知情况的相关研究

消费者对农产品的质量安全十分关注，对切实有质量安全保障的农产品有着迫切的需求，愿意相应地提高支付水平。近年来，农产品的质量安全成为了消费者关注的焦点，有调查显示，92%消费者对农产品质量安全问题表示关注（冯忠泽，2008）。笔者近期对北京市 35 个社区的 1573 位居民进行调查后也发现，有 74.2%的消费者在蔬菜购买中认为蔬菜的质量安全十分重要，远远高于对蔬菜产品新鲜程度、口感和品种等因素的关注。

　　一系列实证研究发现消费者愿意对安全农产品支付更高的价格，比如国外学者林（Lin，2005）发现消费者愿意为用安全方法生产的牡蛎多支付 20%左右的价格。布兹比（Buzby etc.，1999）调查发现消费者愿意为每磅低残留柚子多支付 0.19~0.69 美元，大概比普通柚子高 31%~138%。福克斯（Fox，1995）也发现美国大学生对有低风险污染的猪肉三明治的支付意愿为 0.5~1.40 美元，博卡莱蒂和娜德拉（Boccaletti & Nardella，2000）在意大利对消费者调查后得到有大约 70%的消费者愿意以高出 10%的价格购买有机蔬菜。国内关于消费者对安全农产品的认知、支付意愿和影响因素的研究中也得出了几乎相同的结论，例如，周应恒、彭晓佳（2006）调查江苏南京和苏州两个城市的消费者对安全食品的支付意愿后发现，消费者对于低残留青菜的平均支付意愿为每斤 2.68 元，比一般青菜多支付 335%的价格，而且中小城市消费者支付意愿更强。周洁红（2004）针对蔬菜调查显示，消费者对安全蔬菜高价的心理预期承受能力有限，高出 10%~20%是消费者能接受的适宜差价。其他针对绿色食品、有机食品、可追溯食品等不同级别的安全食品以及针对蔬菜、猪肉、牛乳、乳制品等不同种类食品的安全性进行的研究，也得出消费者支付意愿增强的结论（杨金深，2004；王恒彦，2006；王志刚，2007；周应恒，2008；王怀明，2011）。

　　虽然消费者对农产品质量安全关注度高，也愿意提高对高质量农产品的支付金额，但是将意愿转化为行为的并不多，意愿和行为之间还需要充分的信息沟通作为桥梁。比如钟甫宁、易小兰（2010）调查了消费者购买安全食品的行为后发现，消费者对食品安全的关注程度与实际购买行为并不一致，主要原因在于被访的部分消费者认为各安全等级的食品的安全性其实都差不多，不相信行业以及政府对食品质量安全的现有监管措施。周洁红（2004）发现消费者对当前蔬菜安全的总体评价与他们对相关蔬菜信息的掌握程度一致，蔬菜安全信息对消费者的态度有较大影响。王志刚、翁燕珍、毛燕娜（2007）调查发现消费者对 HACCP 认证的认知和信任不足，但经过信息强化后支付意愿提高。周应恒、王晓晴、耿献辉（2008）调查上海家乐福消费者发现，只有

50.73%的被调查者将需求转化为实际购买，消费者的认知水平和信任程度是决定消费者是否购买市场上新出现的加贴信息可追溯标签牛肉的主要因素。

本章将假设农产品质量安全由生产商负责，而最终的市场价格由销售商把握，在"生产商—销售商"二级供应链的基础上，首先会分析产品质量不能被消费者认知，订单只受产品价格影响时，在销售商确定检测合格产品的收购价格之后，比较制造商的质量投入和产品的市场价格；其次，将研究产品质量能够被消费者认知，市场订单由产品价格和质量投入共同决定时，企业的质量投入和制定的产品价格的差异。研究中将"产销对接"的二级供应链划分为集成决策、供应商为主导和销售商为主导三种情况，分析主导企业不同的供应链在质量投入和价格决策中存在什么样的差别，何种情况下更有利于促进企业为加强质量管理而在质量方面进行更多投入，何种情况下更能促进供应链降低价格以满足更多消费需求。

5.2　假设与模型研究[①]

消费者即使在消费中愿意也能够购买更安全的农产品，可是对于企业而言，企业不仅要抓质量的控制，还要考虑到市场价格对销售总量的影响，也就是说企业要兼顾质量和价格。在对供应链的质量和价格的研究中，学者们发现为了更好地满足客户对质量的需求，在供应链质量管理中，供应链应当提供更高质量的产品，而提高产品质量则需要投入更多的成本。在市场中，产品价格因为质量成本增加而提高，消费者需求相应地减少，导致企业的销售量减少。

企业为满足消费者质量需求，不但要提高对质量管理的投入，而且还要考虑市场对高价格的承受能力，考虑价格对需求总量的影响，同时兼顾质量和价格。目前企业为了更好地满足客户需求并提升竞争力，日益强调对产品质量和价格的管理，从源头开始整体质量控制，并与合作企业签订订单以保证市场供应和销售。例如，物美、家乐福等大型连锁超市为了保证鲜活农产品的质量和供应稳定，采取"农超对接"形式加强对源头供应商的管理；而茅台酒厂、三安农业等食品生产企业，在供应链中居于主导地位，有力地控制着产品质量和市场销售。

---

① 5.2节和5.3节的主要研究内容，修改和精简后拟将发表于2016年12月的《管理评论》杂志。

5.2.1　问题描述

在食品和农产品供应链中，产品生产源头的质量很大程度上决定着产品品质，同时销售商因握有市场资源在产品销售中发挥着主要作用，例如蔬菜的农药使用问题源自生产者的施用不当，而蔬菜的销售价格由有能力的采购商、大型超市等把控。一方面，生产商为了减少交易成本，保持稳定的销售渠道，倾向于将产品交由固定的销售商销售；另一方面，销售商为了保证产品质量、防止不安全食品进入销售渠道，保障货源的供应稳定和充足，也偏向于与有信誉的生产企业保持长期互惠的商业关系，签订长期合作的契约。因此，在食品和农产品市场中，"产销对接"模式的应用越来越广泛，当生产商和销售商直接对接后，便于供应链以区域市场的整体需求为导向协调质量投入和销售价格。

按照"产销对接"的基本情况，例如"合作社 + 超市"、"基地 + 超市"、"合作社 + 批发市场"等形式，在此假设在二级供应链中由生产商负责在产品质量上的投入，如对产品质量的人员设备投资、对产品质量的宣传等，而产品的价格则由销售商掌控，由销售商制定利润最大化下的价格。本书假设由一个二级供应链在一个区域市场中进行产品销售，生产商和销售商长期合作并都了解市场销售的情况，市场需求是两者的公共知识，销售商负责在区域市场中的销售，并且将消费者需求以订单的形式全部交由上游固定的生产商生产，如图5-1所示，生产商对产品质量相关的投入为 x，而销售商根据自身利润来制定产品的销售价格 p。

首先，假设市场需求只由价格决定，消费者不能获得充足的信息因而不能判断产品质量，产品质量只能由供应链中居于主导地位的销售商进行辨别。此时，消费者的需求量为：

$$\bar{q} = A - \kappa p \qquad\qquad 式（5-1）$$

其中 A 是产品在市场中固有的需求量，κ 是价格弹性系数。

销售商除了支付相应采购成本 ω_0 外，为了保证产品质量并防止劣质品进入，将对生产商的质量投入进行一定的奖励 γx，则采购价格为：

$$c = \omega_0 + \gamma x \qquad\qquad 式（5-2）$$

其次，假定消费者能够获得相关信息时，产品质量投入能够被消费者认知，消费者的需求量由销售价格和产品质量投入两者共同来决定，本书按照谢刚（Gang Xie，2011）提出的需求函数的假设，设市场中产品需求量为：

$$q = A + \alpha x - \beta p \qquad\qquad 式（5-3）$$

假定 α 是销售量关于质量的反应系数，β 是价格的弹性系数。

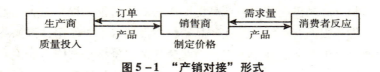

图 5-1 "产销对接"形式

5.2.2 消费者不能获知质量信息时的供应链分析

当最终消费者不能感知产品质量投入时，销售商不但要确定市场的价格，而且需要对销售的产品承担一定的责任，假设供应链中的销售商有实力对产品进行鉴别，并根据生产商有关质量投入的情况进行激励，以促进企业生产更好的产品。下文将按照三种不同的供应链结构，即生产商为主导、销售商为主导和集成决策，来分析不同情况下质量投入和价格的变化。

在质量投入不能被市场认知下，销售商的利润函数为：

$$\pi'_M = (p - c)\bar{q} = (p - \omega_0 - \gamma x)(A - \kappa p) \qquad 式（5-4）$$

而生产商的利润函数为：

$$\pi'_S = (c - v)\bar{q} - mx^2 = (\omega_0 + \gamma x - v)(A - \kappa p) - mx^2 \qquad 式（5-5）$$

（1）生产商主导下的供应链质量投入和产品价格

生产商为主导的供应链中的博弈过程为：①生产商根据销售商有激励性质的采购价格，并结合市场的销售情况，安排最优的质量投入；②销售商根据生产商的质量情况和市场需求，安排制定最优的价格。

生产商最大化利润时，确定的质量投入由式（5-5）的一阶条件得到：

$$x'^*_S = \frac{\gamma}{2m} \qquad\qquad 式（5-6）$$

代入式（5-4）得到优化的销售价格为：

$$p'^*_S = \frac{A}{2k} + \frac{2m\omega_0 + \gamma^2}{4m} \qquad\qquad 式（5-7）$$

（2）销售商主导下的供应链质量投入和产品价格

销售商主导下的供应链的博弈过程为：①销售商以最大化利润为原则制定

价格，判断市场销量后，再向生产商订货；②生产商按照销售商的订单数量和价格，设计最优的质量投入；

销售商按照利润最大化原则，在$\frac{\partial \pi'_M}{\partial p} = 0$时，确定价格并向生产商订货，则生产商最优的质量投入为：

$$x'^*_M = \frac{(A - 2k\omega_0 + kv)\gamma}{2(2m + k\gamma^2)} \qquad 式（5-8）$$

代入式（5-4）可得，销售商确定的销售价格为：

$$p'^*_M = \frac{A}{2k} + \frac{4m\omega_0 + (A + kv)\gamma^2}{4(2m + k\gamma^2)} \qquad 式（5-9）$$

（3）集成决策下供应链质量投入和产品价格

当供应链作为一个集成的整体，面对质量不能被认知的市场时，供应链的整体收益为：

$$\pi' = (p - v)(A - kp) - mx^2 \qquad 式（5-10）$$

此时，最大化利润时的定价和质量投入为：

$$p'^*_I = \frac{A + kv}{2k} \qquad 式（5-11）$$

$$x'^*_I = 0 \qquad 式（5-12）$$

命题5-1：当质量信息不能被市场获知时，以生产商为主导的供应链中质量投入不受市场中价格弹性κ的影响，以销售商为主导的供应链的质量投入随着价格弹性κ的增加而减少，而集成供应链则不会进行质量投入。

证明：

a. 显然x'^*_S与价格弹性κ无关；

b. 当供应链结构以销售商为主导时，最优质量投入关于价格弹性κ的导数为：$\frac{\partial x'^*_M}{\partial k} = \frac{2\gamma[2m(v - 2\omega_0) - A\gamma^2]}{(4m\beta - \alpha^2)^2}$，因为$v < \omega_0$，所以$\frac{\partial x'^*_M}{\partial k} < 0$，则最优的质量投入是关于价格弹性$\kappa$的减函数；

c. 集成供应链中，质量投入为0。证毕。

命题5-2：当质量信息不能被市场获知时，各种类型的供应链中的产品价格随着价格弹性κ的增加而降低。

证明：

a. 当供应商为主导时，最优价格关于 k 的导数，$\dfrac{\partial p_S'^*}{\partial k} = -\dfrac{A}{2k^2} < 0$，因此最优价格随着 k 递减；

b. 当销售商主导时，$\dfrac{\partial p_M'^*}{\partial k} = -\dfrac{A}{2k^2} + \dfrac{\gamma^2(v - 16m\omega_0) - 4\gamma^4(A + kv)}{16(2m + k\gamma^2)^2}$，因为 $v < \omega_0$，所以 $\dfrac{\partial p_M'^*}{\partial k} < 0$，则最优价格是关于价格弹性 κ 的减函数；

c. 集成供应链中，由于 $\dfrac{\partial p_I'^*}{\partial k} = -\dfrac{A}{2k^2} < 0$，所以价格是关于价格弹性 κ 的减函数。证毕。

5.2.3　消费者能够获知质量信息下的供应链分析

当产品质量能被市场中消费者识别时，市场需求量由质量投入和价格共同决定。下文仍将按照三种不同的供应链结构，来分析不同情况下质量投入和价格的变化。

在销售量由质量投入和价格共同决定时，产品的需求量如式（5-3）所示。而销售商销售每单位产品需要付出 ω 的采购成本，则销售商的收益为：

$$\pi_M = (p - \omega)q = (p - \omega)(A + \alpha x - \beta p) \qquad 式（5-13）$$

假设生产商生产每单位产品需要付出 v 的生产成本，为了保证生产商的参与，有 $\omega > v$。为了保证质量，生产商需要投入 mx^2 进行相应的质量建设，则生产商的收益为：

$$\pi_S = (\omega - v)q - mx^2 = (\omega - v)(A + \alpha x - \beta p) - mx^2 \qquad 式（5-14）$$

（1）生产商主导下的供应链质量投入和产品价格

在生产商主导下博弈过程为：①生产商根据市场需求和自身利润安排合适的质量投入；②销售商根据生产商的产品质量情况，结合市场销售量，以最大化收益为目标来制定价格。

在生产商决定产品质量投入的情况下，生产商对质量投入进行优化时，求式（5-14）关于 x 的一阶导数，得到

$$x_S^* = \dfrac{(\omega - v)\alpha}{2m} \qquad 式（5-15）$$

将式（5-15）代入式（5-13），最优化后得到：

$$p_S^* = \frac{A + \alpha^2 \dfrac{\omega - v}{2m} + \beta\omega}{2\beta} \qquad \text{式（5 - 16）}$$

（2）销售商主导下的供应链质量投入和产品价格

在销售商为主导的情况下，博弈过程为：①销售商根据市场需求制定合适的价格，以实现自身的最大化利益；②生产商依据销售商制定的价格，参考市场需求安排产品的质量投入。

当销售商利润最大时，关于 p 的一阶导数，得到：

$$p_M^* = \frac{A + \alpha^2 \dfrac{\omega - v}{4m}}{2\beta} \qquad \text{式（5 - 17）}$$

将式（5 - 17）代入式（5 - 14），并求关于 x 的一阶导数，有：

$$x_M^* = \frac{(\omega - v)\alpha}{4m} \qquad \text{式（5 - 18）}$$

（3）集成决策下供应链质量投入和产品价格

在集成决策下，企业以最大化供应链利润为目标，安排产品质量投入和销售价格。集中决策下，供应链整体收益为：

$$\pi = (p - v)(A + \alpha x - \beta p) - mx^2 \qquad \text{式（5 - 19）}$$

其中，$\dfrac{\partial \pi}{\partial x} = \alpha(p - v) - 2mx$；$\dfrac{\partial^2 \pi}{\partial x^2} = -2m$；$\dfrac{\partial \pi}{\partial p} = (A + \alpha x - \beta p) - \beta(p - v)$；

$\dfrac{\partial^2 \pi}{\partial p^2} = -2\beta$；$\dfrac{\partial^2 \pi}{\partial p \partial x} = \alpha$

得到海塞矩阵：$H = \begin{pmatrix} -2m & \alpha \\ \alpha & -2\beta \end{pmatrix}$，所以当 $4m\beta - \alpha^2 > 0$ 时，供应链存在最优的质量投入和价格，它们为：

$$x_I^* = \frac{\alpha(A - \beta v)}{4m\beta - \alpha^2} \qquad \text{式（5 - 20）}$$

$$p_I^* = \frac{2m(A + \beta v) - v\alpha^2}{4m\beta - \alpha^2} \qquad \text{式（5 - 21）}$$

命题 5 - 3：当产品质量信息能被市场获知时，以生产商为主和以销售商为主的供应链的质量投入都随着质量反应系数 α 的增加而增加；当 $A > \beta v$ 时，集成供应链中质量投入将随着质量反应系数 α 增加而增加，反之，否然。

证明：

a. 对于以生产商为主导的供应链，因为 $\dfrac{\partial x_S^*}{\partial \alpha} = \dfrac{\omega - v}{2m} > 0$，所以最优的质量投入是关于质量反应系数 α 的增函数；

b. 对于以销售商为主导的供应链，同理可得 $\dfrac{\partial x_M^*}{\partial \alpha} > 0$；

c. 对于集成供应链，由于 $\dfrac{\partial x_I^*}{\partial \alpha} = \dfrac{(A - \beta v)(4m\beta + \alpha^2)}{(4m\beta - \alpha^2)^2}$，所以当 $A - \beta v > 0$，集成供应链的最优的质量投入 x_I^* 是关于质量反应系数 α 的增函数；反之，则减函数。证毕。

命题 5 – 4：当产品质量信息能被市场获知时，在供应商主导下和销售商主导下的供应链，产品销售价格都随着质量反应系数 α 递增；当 $A > \beta v$ 时，集成供应链中产品价格将随着质量反应系数 α 增加而增加，反之，则否然。

证明：

a. 以生产商为主导的供应链中，由于 $\dfrac{\partial p_S^*}{\partial \alpha} = \dfrac{\alpha(\omega - v)}{2\beta m} > 0$，所以最优价格是关于质量反应系数 α 的增函数；

b. 对于以销售商为主导的供应链，同理可得，$\dfrac{\partial p_M^*}{\partial \alpha} = \dfrac{\alpha(\omega - v)}{4\beta m} > 0$；

c. 在集成供应链中，因为 $\dfrac{\partial p_I^*}{\partial \alpha} = \dfrac{4\alpha m(A - \beta v)}{(4m\beta - \alpha^2)^2}$，所以若 $A - \beta v > 0$，则集成供应链的最优价格 p_I^* 是关于质量反应系数 α 的增函数；反之，否然。证毕。

5.3　消费者能够获知信息的比较分析

5.3.1　不同模型的比较

上文已经在消费者能否认知产品质量的两种情况下，分析了生产商关于产品的质量投入以及对应的销售商的销售价格，下文将对供应链中的质量投入做进一步比较分析，比较供应链中不同的质量投入和价格。

命题 5 – 5：当产品质量信息不能被消费者获知，只能由销售商识别时，

若 $T>0$，则生产商为主导的供应链中质量投入高于以销售商为主导的供应链；若 $T \le 0$，则销售商为主导供应链的质量投入高。

证明：

$$x_S'^* - x_M'^* = \frac{\gamma}{2m} - \frac{(A - 2k\omega_0 + kv)\gamma}{2(2m + k\gamma^2)} = \frac{\gamma[m(2 - A + 2k\omega_0 - kv) + k\gamma^2]}{2m(2m + k\gamma^2)}$$

令 $T = m(2 - A + 2k\omega_0 - kv) + k\gamma^2$，若 $T>0$，则 $x_S'^* > x_M'^*$；$T \le 0$，则 $x_S'^* \le x_M'^*$。证毕。

命题 5 - 6：当产品质量信息不能被消费者获知，只能由销售商识别时，若 $T>0$，则供应商为主导的供应链产品销售价格高；若 $T \le 0$，则以销售商为主导的供应链产品销售价格高。

证明：

$$p_S'^* - p_M'^* = \frac{A}{2k} + \frac{2m\omega_0 + \gamma^2}{4m} - \frac{A}{2k} - \frac{4m\omega_0 + (A + kv)\gamma^2}{4(2m + k\gamma^2)} = \frac{\gamma^2}{4m(2m + k\gamma^2)}T$$

所以，若 $T>0$，则 $p_S'^* > p_M'^*$；若 $T \le 0$，则 $p_S'^* \le p_M'^*$。证毕。

命题 5 - 7：当产品质量信息能被市场获知时，以生产商为主导的供应链的质量投入优于以销售商为主导的供应链。

证明：

显然得到 $x_S^* > x_M^*$。

命题 5 - 8：当产品质量信息能被市场获知时，以销售商为主导的供应链的销售价格低于以生产商为主导的供应链。

证明：

显然有 $p_M^* < p_S^*$。

命题 5 - 9：在供应链集成决策的情况下，质量信息能被市场获知时供应链对质量的投入大于质量不能被市场获知时的投入。

证明：

显然有 $x_I^* > x_I'^*$。

当市场不能判断产品质量时，集成供应链最大化利润是对质量零投入，显然低于市场能判断产品质量时的供应链投入。

5.3.2　算例分析

为了更直观地表示以上结论，并进一步分析当市场对质量判断不同时，供应链结构对质量投入和价格的影响机制，本书将通过假设数据进行分析。首先，分析在质量不能被市场识别时，假设价格弹性系数 k 是一个变量，而其他系数都是固定的。设 $A=300$，$\omega=40$，$\gamma=20$，$m=2$，$v=20$ 且 $k\in[0.1，4]$。

如图 5-2 所示，在质量不能被消费者识别的情况下，当销售商质量激励系数和产品质量投入成本系数不变时，以生产商为主导的供应链中质量投入不受市场变化的影响而保持不变。同时，以销售商为主导的供应链中，市场对价格越敏感，供应链中对质量投入越少。

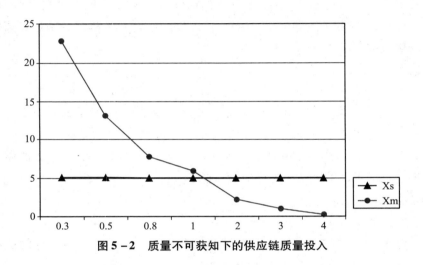

图 5-2　质量不可获知下的供应链质量投入

如图 5-3 所示，当质量不能被消费者识别时，市场对价格越敏感，不同结构的供应链都越趋向于降低价格。在弹性系数较低时，以生产商为主的供应链提供的产品价格较低；而弹性系数较高时，以销售商为主导的供应链产品价格较低。

从图 5-2 和图 5-3 中看出，当质量不能被市场认知时，质量投入和产品价格存在一个交点，也就是当 $T=0$ 时，不论是以生产商为主导，还是以销售商为主导，质量投入和产品价格都相同。

其次，研究在质量能被市场识别时。将质量反应系数 α 作为变量，假设其他系数都是固定的。设 $A=100$，$\beta=10$，$\omega=40$，$v=10$，$m=2$ 且 $\alpha\in[5，15]$。

如图 5-4 所示，在质量能被市场判别的情况下，不论市场对于质量的敏感程度低于或高于对价格的敏感程度，即不论 $\alpha>\beta$ 或 $\alpha\leqslant\beta$，生产商主导下的供应链的质量投入高于以销售商为主导的供应链。

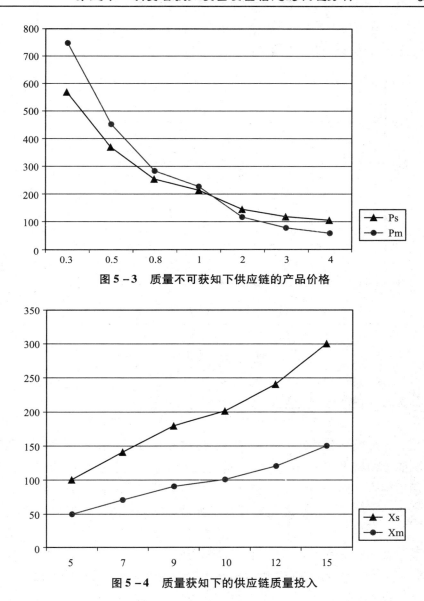

图 5 - 3 质量不可获知下供应链的产品价格

图 5 - 4 质量获知下的供应链质量投入

如图 5 - 5 所示，在质量能被市场判断的情况下，以销售商为主导企业的供应链中产品的价格始终低于以生产商为主导的供应链。

从图 5 - 4 和图 5 - 5 中看出，当质量反应系数 $\alpha > 0$，即市场确实能对产品质量形成认知，则供应链在不同企业主导下，表现出来的价格和质量投入会存在显著的差别。这点能得到实践的验证，比如对于有生产企业保证质量，并能进行安全追溯的农产品，一般产品的质量投入和市场售价都较高，而由超市销售的优质产品，价格一般相对较低。

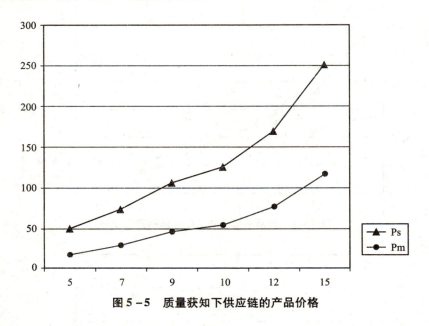

图 5 - 5　质量获知下供应链的产品价格

5.3.3　比较分析结论

此节通过模型和算例的比较分析，得出最直接的结论为：当农产品的质量情况能被消费者获知时，更多的质量投入将有与之相应的高价格，实现产品的优质优价；而当消费者不能对农产品质量形成认识的时候，由于企业对质量的投入可能不变也可能随市场价格弹性的增加而减少，所以优质不一定优价。

基于以上比较的结果，引出以下两条方案：

第一，在质量难以准确获知的市场中，由于销售商不但控制市场价格而且负责对上游产品的把关，所以起到特别重要作用。因此，需要对销售商进行大力度的监管和扶持。因为消费者难以辨别质量高低，所以为了保证产品基本质量，需要对销售商销售的产品质量加强监督管理，提高对最终销售的不合格产品的处罚力度，通过销售商提高采购标准和采购价格等形式督促生产商提高质量投入，形成一种倒逼机制。

第二，在质量信息能被获知的市场中，应当推动生产商加强能力建设。如果消费者对该农产品质量上有较强关注，并且有能力对此产品质量形成一定程度的认知，那么就需要进一步促进以供应商为主导的供应链发展，因为不仅源头质量对农产品质量有决定性影响，更主要的是供应商在供应链中能获得更大的利益，有激励去加强与质量相关的投入。比如对有完善追溯机制的高质量农产品，需要更多地促进源产地和生产基地的发展。

5.4　消费者获取质量安全信息的组织方式

消费者对农食产品的质量安全的认知更多地是体现在主观方面，而给予消费者更多的信息，是通过与消费者交流以改善消费者对产品情绪的方法（Van Rijswijk 等，2008）。企业对特定消费群体采取交流和信息供给战略，能够获得更多的认同并提高消费者购买和食用的可能性（Verbeke W，2008）。并且，企业与消费者的交流能够加强消费者对企业社会责任的认知，进而影响企业的价值（Luo Xueming 等，2006）。

消费者与企业的交流沟通能够增强消费者对农产品质量安全的认知，减轻消费者由于信息不对称而产生的怀疑情绪，提高对企业销售产品的认同度，提升消费者心中对企业价值的评价。但是，目前我国消费者和上游农业企业的交流十分缺乏，与农产品生产者、食品企业之间存在严重的信息不对称，消费者对企业维护食品安全行为并不了解，无法客观全面地了解企业对质量控制的投入，主观上也就不能对食品安全产生信任。

更需要注意的一方面是，我国消费者在市场中处于弱势的地位，个体消费者缺乏利益诉求的表达和实现渠道。个体消费者在单独遭遇食品安全问题时很难追究到直接的责任人，而通过法律途径索求赔偿的成本又太高，所以当面对强势的食品企业时，普通的个体消费者更多选择"私了"，甚至只能忍气吞声不了了之。消费者的弱势地位，对无良的农产品企业形成了负向激励，使之更加放肆地进行违规行为。因此，消费者需要一种加强自身谈判能力的途径，需要一个能够交流和发声的平台，需要一些能够聚集合力的组织形式。

由于社会结构和制度文化等多方面的原因，我国目前还缺乏消费者自发形成和广泛参与的组织形式，这样既不利于高质量企业获得忠诚的消费者并形成长期稳定的销售市场，也不利于消费者获得质量信息，以提高消费效用并改善市场地位，因此，借鉴国外比较成熟的消费者组织方式，形成有中国特色的消费者交流平台和消费者联合体十分有必要。在农产品消费方面，目前在国外有多种比较成熟的形式，如日本的生活协同组合（生协）、美国的社区支持农业（CSA）、韩国的生活合作社等组织。

5.4.1　消费生活协同组合

日本的消费生活协同组合（简称生协、COOP）会员以家庭为主，组织形式多是按照社区或行业来组建，被定义为"由基于自发意志的组合员而组成的，促进生活协同的法人"。在生协这样的组织中，成员不是作为被动的消费者来参与其中的，而是具有一种公民意识的"生活者"来进行参与的，不是被动需要人安排和照顾的消费者，而是参与积极生活、主动生活的生活者（韩丹，2011）。

日本生协属于非营利组织，完全属于市民自发成立的经济互助组织，政府只是根据《生协法》对其进行规范，生协与政府部门之间不存在任何隶属关系。生协成员按照自愿加入，自愿退出的原则，对成员实行民主管理，内部事务按照《生协章程》等进行规范。生协的口号是"一人为万人，万人为一人"，基本理念是"多数人集中起来买东西，总比一个人有利。"（孔庆演，1985）。加入生协的市民同时也是生协的经营者，内部有一套自主管理监察制度。

生协主张通过合作的生产者与会员的共同努力来提高食品安全，双方通过充分交流制定产品的"自主标准"，合作生产者主动向会员公开信息，会员在自主监察委员会的指导下，对生产的各个环节进行"众多人的监察"活动。比如，生协与农民、渔民的合作组织农协、渔协等签订供货合同，并且经常吸收会员参加产品的开发和试用活动，组织会员到产地、工厂去考查产品的生产加工过程，在产品上市之前，生协组织商品检验机构进行全面检验，新产品上市后，还要根据消费者的评价及反映不断改进。通过生协这个平台，实现了生产者与会员的密切交流，生产者能根据会员反馈意见，生产符合消费者需求的产品，保障会员获得更安全、有益健康的食品。

5.4.2　社区支持农业

社区支持农业（Community Supported Agriculture，CSA），在消费者和农业

生产者之间建立了直接联系的纽带，消费者直接参与农业生产过程，生产者主动开放农场，剪除了中间商的参与，便于终端消费者与农业生产者面对面沟通、直接合作，是一种保障食品安全的新型农产品贸易形式（徐建陶等，2012；刘丽伟，2012）。刘飞（2012）认为现代工业化和专业化的发展使食品数量极大丰富，食品生产链条延长，但造成现代食品系统脱嵌于具体的社会情境，面对食品安全中市场失灵和政府失灵的困境，以 CSA 为代表的食品再地方化是减少食品安全风险的一种社会装置。

2007 年，美国 CSA 农场数量达到 12549 个，约占全美农场总数 0.5%[①]。CSA 在具体运作中，鼓励城市消费者成为近郊农场的会员，并且承诺在农场整个的生长季节给予支持。用户支付预定款（按照季节或者月份支付），而农场提供新鲜、安全的当季农产品作为回报，直接运送给订户或分配给销售网点。在 CSA 体系中，消费者和生产者面对面交流，相互尊重，聚成"饮食者社群"，双方共同致力于打造安全、便捷的食品体系与和谐、合作的社会关系。CSA 中的消费者知道食品的生产地点、生长环境和生产者，能更加放心食用农产品，并且成员还参与到农场的经营决策中，对信任的产品支付也高于市场上的普通农产品，用提前支付等方式与生产者共担生产风险，避免生产者违规行为。并且，CSA 中的生产者能够获得预售金保障收益，免去了中间流通环节直达最终消费者，减少了市场风险，能够投入更多精力保障产品质量，增加与消费者的互动。

5.4.3 其他类似组织

韩国的消费者合作社有多种形式，有全国性的消费者生活联合会、首都圈消费者联合会、地域性消费者联合会等，还有许多诸如妇人生活合作社、民友生活合作社等社区居民团体，主要是以会员制的组织形式存在。主要活动内容包括从生产者团体那里直接采购安全放心的农产品和特色品牌产品，并且与农村的农业生产者广泛地开展交流，支持农业保护和可持续发展等。另外，新加坡的平价合作社采取会员入股的形式，鼓励会员自愿出资和参与联盟的各项活动和经营，年终时会根据合作社盈利状况返还社员股息和红利；意大利消费合作社全国联盟属下的消费合作社为适应现代化的需要，通过对较小规模的合作

---

① 资料来源：美国农业部 2007 年农业资源管理调查报告。

社进行合并和改组，组建了规模较大的合作社，发展规模经济，促进了联盟的发展。

随着网络的发展，还出现了一些虚拟的消费者社群组织，主要形式大致有三种，一是网民自发形式，主要是通过大型社交网站发起的自助菜园，通过网络平台充分交流和实现购买，并对侵权行为展开集体诉求；二是企业引入方式，比如有的农业生产者充分利用网络种菜游戏，并以 O2O 的形式将网络种菜和现实种菜结合；三是中间连接方式，例如有的大型门户网站和消费网站，利用自身庞大的客户群体，将消费者群体组织起来，主动联系上游的农业企业，并利用信息技术优势，采用网络团购、网络菜农等方式满足客户现实需求，促进消费者和农业生产实现即时互动交流。

本 章 小 结

国内外已有的研究已经证实了消费者对质量安全的农产品有更高的支付意愿，但是由于消费者不能获得信息以切实认知农产品质量情况，导致将意愿落实为真正行动的转化率较低，只有在消费者信息强化后，才会更多地去采取行动。

简而言之，消费者对安全农产品有较高的支付意愿，而对于企业来说，只有当消费者获得信息并认知农产品质量时，企业才愿意加强质量投入，最终才能实现农产品的优质优价。本章分析证明了提高市场中消费者获知质量安全信息能力的必要性。

具体来说，当消费者获得质量认知并信任农产品质量后，企业将从供应链角度调整产品的质量和价格，以最大化企业的利润。本章以"产销对接"供应链为基础，将产品质量按照能否被消费者认知而分成了两种情况：不可认知质量的产品和可认知质量的产品，并且划分"生产商—销售商"二级供应链为三种不同的结构，即以生产商为主导、以销售商为主导和集成决策模式，比较分析了在不同的市场中"产销对接"供应链中的质量投入和销售价格。本书证明了，对于质量不可认知的产品，价格弹性对供应链的质量投入和价格决策影响很大，价格弹性越大，以销售商为主导的供应链中的质量投入和产品价格都降低，而以生产商为主导的供应链中质量投入只与销售商的质量激励和质量投入成本有关；在产品质量能被认知时，以生产商为主导的供应链对产品质量投入要高于以销售商为主导的供应链，而产品价格却是在以销售商为主导的供应链中较低；最后，对于集成供应链而言，只有当产品质量能够被获知时，供应链企业才会加强在质量上的投入。

比较日本、美国、新加坡等发达国家，在农产品质量安全管理中，十分注意培养消费者组织，鼓励消费者发扬自主精神主动获取生产者信息，通过消费者集体与农业生产者的沟通交流，满足消费者对产品质量安全信息需求，提高消费者对产品质量的认知，并促进企业向高质量的方向良性发展。

第六章

农户参与质量安全信息
共享的激励机理

在对供应链效率的研究中，解决信息不对称问题的主要措施就是加强信息共享，共同面对市场中不确定的需求，约束各个环节的资源垄断，缓解各环节之间的信息不对称程度，达到整体收益最优。农产品供应链面对质量安全时要应对的基本问题就是信息不对称，加强农产品供应链的信息共享顺理成章成为解决该问题的抓手，而要落实农产品供应链的信息共享，在源头上需要采取的措施就是建设信息追溯体系。

对农产品进行信息追溯在国际上已是一种趋势，特别是疯牛病爆发后，欧盟、美国、日本等发达国家和地区已经要求部分食品必须具备可追溯性。我国政府为加强食品质量安全管理，加速与国际食品产业对接，出台了一系列政策法规鼓励进行食品安全信息追溯，如 2009 年出台的《食品安全法》对信息追溯有相关要求，2012 年国务院在加强食品安全工作中也强调要提高食品安全信息追溯的便捷性和有效性。各个地方政府同时也开始结合自身特点进行具体的实践，比如北京、上海、山东和海南等地政府部门推动了很多区域性追溯试点项目建设，商务部从 2010 年起还利用中央财政，分批扶持地方城市建立肉菜可追溯体系。①

然而，我国在建立食品安全追溯为代表的信息共享体系时，首先需要面对和解决的就是农户和农业企业的激励问题。首先，我国农户生产分散，农业生产主要是以家庭为单位的小生产为主，生产中组织化和规模化程度不高，追溯体系的大规模推广受到限制。小农户不愿意投资进行信息共享，也缺乏进行信

---

① 2010 年，商务部启动了"肉类蔬菜流通追溯体系建设"，截至 2015 年底已在全国 58 个城市开展建设。

息追溯的技术条件，而且习惯了传统生产方式，难以适应在生产全过程中对化肥、农药的施用进行记录的要求。同时已经采用信息追溯的农户，又认为投入和收益不成比例，在供应链中分享的收益不够。其次，食品供应链主导企业进行信息追溯的动力不足，因为建设信息追溯体系不但成本较高，短期内难以见到收益，而且生产出现的问题会被明确追究责任，增加了企业在食品安全中的责任风险。

由此可见，虽然建立信息共享体系具有很强的正外部性，政府也在积极促进和推动，但是当需要农户和企业广泛参与时，却面临着一些激励问题。本章试图运用激励理论模型来解释和说明农户和企业参与力度的问题，并且研究政府的推动对农户、企业和社会效益的影响。本章首先将对相关信息共享的文献进行分析，然后将对模型假设和变量予以说明，其次将对农户和主导企业的行为进行分析，再次将对政府推动的条件进行分析，最后将对推动农户参与的激励措施进行解析。

6.1　质量安全信息共享的相关研究

本章的目的是分析如何促进我国农产品质量安全的信息共享，而要实现农产品供应链的信息共享则需要恰当的激励机制。

我国信息追溯体系的研究主要在两个方面，一方面是对农产品供应链中各成员参与信息追溯的微观实证研究，另一方面是对政府治理策略分析。从农户角度进行实证调查发现农户整体上参与追溯的意愿不强，政府的推动和产业化组织的推动起了关键作用（周洁红，2007；王慧敏，2011），产品质量、收益、自身文化素质和与下游企业关联度会激励农户进行信息共享（邓俊淼，2009）。对供应链中间的加工企业和销售企业调查得出，其整体参与的力度不够，经营规模、分成比例、上下游加强合作的力度对参与追溯体系有正向的影响（叶俊焘，2010；乔娟，2011；周洁红，2012）。通过对生产蔬菜、猪肉、苹果等具体农产品的调研，分析农户参与信息追溯的意愿和影响因素后发现，农户的受教育水平、取得收益和生产成本等因素影响显著（赵荣，2011；孙致陆，2011；徐玲玲，2011）。其次，在对政府策略研究中，突出了政府对建设追溯体系的重要推动作用，建议政府要加强对供应链主要环节的监督和投入，降低农户的参与门槛（于辉，2005；施晟，2008；赵荣，2010；周洁红，2011）。

这些实证研究从理论上看，就是讨论如何恰当地对供应链参与者进行激励，如何协调好各方主动地完成信息共享。在由农户构成的追溯体系中，要激励农户积极参与，就需要提高他们的积极性，减少集体供给的不足（Samuelson，1954），通过政府作为第三方来协调各方的参与，减少各方的努力不足（Holmstrom，1982）。就供应链而言，由于供应链中上下游企业存在信息共享的投入不足（Lee，2000），供应链中面对一系列问题需要解决，比如信息共享的最优范围（常志平，2002）、非对称信息条件下质量成本（黄小原，2003）、共享信息的逻辑结构（路永和，2004）、对效率的影响（叶飞，2009）、对上下游企业决策的影响（吴江华，2012）等等问题。

激励理论对集体参与问题的讨论，为研究我国研究农户的激励机制提供了很好的方法借鉴和理论工具。目前供应链信息共享的研究多从不确定需求、生产成本、产品价格方面展开研究，缺乏一对多条件下对抽象的信息共享参与程度的研究。另外，国内有关追溯体系的研究多集中在对各主体行为的实证分析和政府具体政策措施的解析，缺乏与此问题具体情况结合的理论分析。为此本书将结合国内从追溯体系实证研究中发现的问题，利用博弈理论，构建多个农户和单个主导企业合作的共享体系的模型，分析信息追溯中小农户的参与努力、主导企业的利益和政府推动的条件。

6.2　行为描述和参数假设

食品安全具有信任品的属性，其问题发生的本质原因在于信息不对称，并由此造成了市场中生产不安全食品的机会主义行为。通过信息追溯对整个供应链生产过程进行记录，能够一定程度缓解市场中的信息不对称，增加整个供应链的效率和信息透明度（Hobbs，2004；Golan，2004）。对于政府而言，信息追溯能在质量安全问题发生时快速有效地发现问题的根源，进行有效的监管；对供应链来说，追溯可以提高管理效率，通过上下游企业的信息共享，强化企业间质量管理合作，提升供应链运作绩效；从消费者角度来看，追溯体系能够更好地保障知情权，获得更多信息，提高消费满意度；而对于高质量的农业生产者来讲，信息追溯有助于建立信誉，拉开与一般生产者的距离，实现差异化经营。因此从社会整体角度考虑，信息追溯体系具有正的外部性，激励供应链成员参与追溯体系能够增加社会福利。

农产品供应链追溯体系的前端是由若干农户和主导企业共同组成的信息共享模式，我国农村实际情况是小农户众多，需要核心企业的引导才能建立起追溯体系，并且需要政府提供扶持政策加以推动，所以追溯供应链体系是多对一的形式，如图6-1所示。

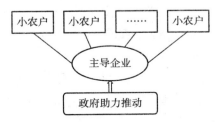

图6-1　农产品信息追溯体系作用模式图

追溯体系功能的发挥取决于农户和企业的参与程度，根据之前实证研究表明共享体系不但会加强供应链效率，还能提高消费者的满意度，因此本书假设共同的合作能产生更大的收益，收益函数表示为柯布—道格拉斯的形式：

$$F = a_{mi}^{\alpha} a_s^{1-\alpha} \qquad\qquad 式（6-1）$$

a_{mi} 表示第 i 个小农户的参与程度，a_s 表示主导企业的努力程度。因为建立追溯体系有外部效应，主导企业会比小农户更多地考虑这种效应，所以假定 $\alpha < 1 - \alpha$，即 $\alpha < \frac{1}{2}$。

假设在农户从信息共享所得到收益份额为 λ，企业的收益份额为 $1 - \lambda$。

假定农户和企业参与信息共享的成本随着参与程度的增加而增加，且为一个二次函数：

$$C_{mi} = \frac{1}{2} b_m a_{mi}^2 \qquad\qquad 式（6-2）$$

$$C_s = \frac{1}{2} b_s a_s^2 \qquad\qquad 式（6-3）$$

b_m 表示由小农户参与程度引致成本增加的系数；b_s 表示由主导企业参与程度引致成本增加的系数。

6.3　农户和主导企业的参与分析

从已有的实证研究发现，由于追溯体系的规模较小，追溯产生的成本较高，追溯技术的不实用，缺乏统一的信息追溯平台，追溯产品的市场认知度不够高，企业风险增加等原因，导致了农户和企业参与追溯体系的程度都较低。调查中还发现，已在追溯体系中的农户生产行为规范有显著改善，但是成本增加后认为自己所得利润不够多，对产品可追溯的认可度也不够高。下文的理论分析能够说明参与程度不高和各方对利润分配存在异见的问题。

6.3.1　农户和企业的参与程度

农户和企业参与信息追溯体系的程度是在权衡收益和成本后最大化利润的结果。农户参与的利润 R_{mi} 是其取得的分成收益减去其付出成本的差值，则

$$R_{mi} = \lambda a_{mi}^{\alpha} a_s^{1-\alpha} - \frac{1}{2} b_m a_{mi}^2 \qquad 式（6-4）$$

主导企业的利润 R_s 是与所有参与农户分享的收益减去成本，并假设每个农户参与是相互独立且同质的，则有：

$$R_s = \sum_{i=1}^{n} (1-\lambda) a_{mi}^{\alpha} a_s^{1-\alpha} - C_s = n(1-\lambda) a_{mi}^{\alpha} a_s^{1-\alpha} - \frac{1}{2} b_s a_s^2$$

$$式（6-5）$$

两者参与程度的均衡值为其利润函数的一阶条件，先对式（6-5）求一阶导数 $\frac{\partial R_{mi}}{\partial a_{mi}} = 0$，然后再代入式（6-4）求 $\frac{\partial R_s}{\partial a_s} = 0$ 的方程，得到：

$$a_{mi} = \left[\frac{n(1-\lambda)(1-\alpha)}{b_s} \right]^{\frac{1-\alpha}{2}} \left(\frac{\lambda \alpha}{b_m} \right)^{\frac{1+\alpha}{2}} \qquad 式（6-6）$$

$$a_s = \left[\frac{n(1-\lambda)(1-\alpha)}{b_s} \right]^{\frac{2-\alpha}{2}} \left(\frac{\lambda \alpha}{b_m} \right)^{\frac{\alpha}{2}} \qquad 式（6-7）$$

命题6-1：若农户参与的人数越多，参与引起的成本越低，则农户和企业参与程度越高。

由式（6-6）和式（6-7）可知，a_{mi} 和 a_s 是关于 n 的增函数，关于 b_m 和 b_s 的减函数，也就说要提高农户和企业的参与程度，需要更多的农户参与，需要更好地降低参与的成本。

首先，关于命题6-1中需要增加农户规模的结论与经验调查的结果吻合，现阶段我国农产品信息追溯中小农户的规模化和组织化不足，应该组织农户积极参与追溯体系，利用合作组织扩散效应来吸引更多小农户参与，从而提升整体效应。在此当追溯体系作为一个集团扩大时，个体的努力会自动地放大，是

一种"相容的集体物品"(奥尔森,1982),农户和企业都追求通过在追溯体系中加强协作增加收益。并且由于追溯体系的存在,单个农户生产的产品有证可查,企业会以此为凭据来和农户分成,农户的参与直接与利润挂钩,农户不参与则不能从中获得收益,参与程度弱则收益少,自身的参与决定着最后的利益,自动减少"搭便车"的出现。

其次,命题表明要提高农户和企业的参与程度,需要降低由于参与引起的成本增加。这个结论是显而易见的,不少实证文献中也强调了追溯体系引起的高额成本的问题,认为要实施追溯体系必须减少参与主体的成本。追溯体系引起的成本不但有客观的财务成本,还有更多隐性的成本,不仅包括需要购买信息技术设备的费用,而且还包含种养殖难度增加、生产模式改变、责任风险增加等带来的成本增长,这些成本因素需要通过增加财政投入、普及农业科学技术等措施逐步降低。

6.3.2 农户和企业的收益分成

当农户和主导企业最优参与程度确定后,将讨论农户和企业间关于收益分成的争议问题,在笔者调研中观察到很多农户抱怨在追溯体系中企业拿"大头"自己拿"小头",有"被剥削"的感觉。本书分析认为,虽然农户参与追溯体系会有收益,但是在企业主导下的追溯体系里农户的分成比例必然较少。

将式(6-6)和式(6-7)代入式(6-4)和式(6-5)后,得到在均衡参与程度下双方的收益为:

$$R_{mi} = \lambda^{1+\alpha}(1-\lambda)^{1-\alpha}\left\{\left[\frac{n(1-\alpha)}{b_s}\right]^{1-\alpha}\left(\frac{\alpha}{b_m}\right)^{\alpha}\left(1-\frac{\alpha}{2}\right)\right\} \qquad 式(6-8)$$

$$R_s = \lambda^{\alpha}(1-\lambda)^{2-\alpha}\left\{n^{2-\alpha}\left(\frac{1-\alpha}{b_s}\right)^{1-\alpha}\left(\frac{\alpha}{b_m}\right)^{\alpha}\left(\frac{1+\alpha}{2}\right)\right\} \qquad 式(6-9)$$

分别对式(6-8)和式(6-9)求关于 λ 的一阶导数并令其为零,得到:

$$\lambda_{mi} = \frac{1+\alpha}{2} \qquad 式(6-10)$$

$$\lambda_s = \frac{\alpha}{2} \qquad 式(6-11)$$

在这显然有:$\lambda_s < \lambda_{mi}$

命题6-2:在信息共享体系中,主导企业安排的收益分成低于农户要求的分成。

企业从自身最大利益出发，只愿分给每个参与信息追溯的农户 $\frac{\alpha}{2}$ 份额的收益，而农户期望自己拿到 $\frac{1+\alpha}{2}$ 的份额。当按 $\frac{\alpha}{2}$ 进行分成时，农户的收益只占一小部分，大部分由企业所占有。在现实条件下，追溯体系都是以主导企业为核心进行的，不论是以加工企业为核心，还是以批发市场为核心，农户在追溯体系中都没有足够的话语权，收益分成都是按照企业订立的合约执行，虽然参与追溯体系的农户有一定的收益，但是农户抱怨分成不均是一个切实存在的结构性问题。

6.3.3　农户整体收益和企业收益的比较

上文研究显示在核心企业主导下农户的收益分成较低，企业取得的收益比重较高，进一步分析还发现在追溯体系中，主导企业取得的收益比农户整体收益还高。

当核心企业主导追溯体系时，分成按照企业的要求进行，即按照 λ_s 进行收益分配，把 λ_s 代入式（6-8）和式（6-9），则农户整体收益和企业收益分别为：

$$R_m^s = nR_{mi}^s = \left(\frac{\alpha}{2}\right)^{1+\alpha}\left(\frac{2-\alpha}{2}\right)^{2-\alpha}\left[n^{2-\alpha}\left(\frac{1-\alpha}{b_s}\right)^{1-\alpha}\left(\frac{\alpha}{b_m}\right)^{\alpha}\right]$$

式（6-12）

$$R_s^s = \left(\frac{1+\alpha}{2}\right)\left(\frac{\alpha}{2}\right)^{\alpha}\left(\frac{2-\alpha}{2}\right)^{2-\alpha}\left[n^{2-\alpha}\left(\frac{1-\alpha}{b_s}\right)^{1-\alpha}\left(\frac{\alpha}{b_m}\right)^{\alpha}\right]$$

式（6-13）

两者相比较有：

$$\frac{R_s^s}{R_m^s} = 1 + \frac{1}{\alpha}$$

式（6-14）

命题6-3：企业主导的信息追溯体系中，企业所得利润高于全体农户的利润。

核心企业利用其主导地位，在收益分成中占去了大多数利润，取得的利润比分散的农户全部所得还要高，当主导企业比小农户更多地利用外部效应，即 $\alpha < \frac{1}{2}$ 时，有 $R_s^s > 3R_m^s$，也就是说主导企业所得甚至比所有农户取得收益的3倍还多。

　　本书在此的目的并非是想表明追溯体系中的不平等性，也不是想说明贫富悬殊，旨在说明农户所抱怨的分成不均其实是追溯体系本身结构产生的问题，并希望按照基本的"收益和责任对等"的原则，强调主导企业在追溯体系中承担更多的义务。

6.4　政府推动下各方的参与行为分析

　　在现实条件下，政府需要推动信息共享体系的发展，提高信息共享体系成员的参与程度，然而对小规模单个农户进行分散动员和监测引起的政府管理成本较高，所以尽管主导企业分成较大、收益较高，但是，政府近期切实可行的抓手仍然还是核心企业，只能通过推动主导企业的积极参与来促进和提升整个体系的建设。

6.4.1　社会最优的农户和企业参与程度

　　如果从全社会最优化结果出发来考虑问题，建立追溯体系产生的总收益为追溯体系产生的整体效果减去农户和企业的成本，即：

$$T = na_{mi}^{\alpha}a_s^{1-\alpha} - \frac{1}{2}b_s a_s^2 - \frac{n}{2}b_m a_{mi}^2 \qquad 式（6-15）$$

　　对此式分别求关于 a_{mi} 和 a_s 的一阶导数并令其为零，得到社会最优参与程度为：

$$a_{mi}^* = \left[\frac{n(1-\alpha)}{b_s}\right]^{\frac{1-\alpha}{2}}\left(\frac{\alpha}{b_m}\right)^{\frac{1+\alpha}{2}} \qquad 式（6-16）$$

$$a_s^* = \left[\frac{n(1-\alpha)}{b_s}\right]^{\frac{2-\alpha}{2}}\left(\frac{\alpha}{b_m}\right)^{\frac{\alpha}{2}} \qquad 式（6-17）$$

　　而对于企业主导下追溯体系的最优参与度，由式（6-6）和式（6-7）有：

$$a_{mi}^s = \left(\frac{2-\alpha}{2}\right)^{\frac{1-\alpha}{2}}\left(\frac{\alpha}{2}\right)^{\frac{1+\alpha}{2}}\left[\frac{n(1-\alpha)}{b_s}\right]^{\frac{1-\alpha}{2}}\left(\frac{\alpha}{b_m}\right)^{\frac{1+\alpha}{2}} \qquad 式（6-18）$$

$$a_s^s = \left(\frac{2-\alpha}{2}\right)^{\frac{2-\alpha}{2}}\left(\frac{\alpha}{2}\right)^{\frac{\alpha}{2}}\left[\frac{n(1-\alpha)}{b_s}\right]^{\frac{2-\alpha}{2}}\left(\frac{\alpha}{b_m}\right)^{\frac{\alpha}{2}} \qquad 式（6-19）$$

　　因为 $\alpha < \frac{1}{2}$，所以可以得到 $a_{mi}^s < a_{mi}^*$ 和 $a_s^s < a_s^*$。

命题 6 - 4：在企业主导的追溯体系中，农户和企业的参与程度都没有达到社会最优的参与程度。

若企业和农户按照社会最优的参与度 a_{mi}^* 和 a_s^* 进行生产，则社会产生的总收益为：

$$T^* = \frac{1}{2} n^{2-\alpha} \left(\frac{1-\alpha}{b_s} \right)^{1-\alpha} \left(\frac{\alpha}{b_m} \right)^{\alpha} \qquad 式（6 - 20）$$

而在企业主导下，在 a_{mi}^s 和 a_s^s 下产生的总收益为：

$$T^s = n R_{mi} + R_s = \left(\frac{1+2\alpha}{2} \right) \left(\frac{\alpha}{2} \right)^{\alpha} \left(\frac{2-\alpha}{2} \right)^{2-\alpha} \left[n^{2-\alpha} \left(\frac{1-\alpha}{b_s} \right)^{1-\alpha} \left(\frac{\alpha}{b_m} \right)^{\alpha} \right]$$

$$式（6 - 21）$$

证明：令 $F(\alpha) = \left(\frac{1+2\alpha}{2} \right) \left(\frac{\alpha}{2} \right)^{\alpha} \left(\frac{2-\alpha}{2} \right)^{2-\alpha}$，设 $f(\alpha) = \ln \frac{1+2\alpha}{2} + \alpha \ln \frac{\alpha}{2} +$ $(2-\alpha) \ln \frac{2-\alpha}{2}$ 求关于 α 的一阶导数有：$\frac{\partial f(\alpha)}{\partial \alpha} = \frac{2}{1+2\alpha} + \ln \frac{\alpha}{2-\alpha}$，二阶导数为：$\frac{\partial^2 f(\alpha)}{\partial \alpha^2} = \frac{2+12\alpha^2}{\alpha(1+2\alpha)^2(2-\alpha)}$ 因为 $\alpha \in (0, \frac{1}{2})$，所以 $f''(\alpha) > 0$，则 $f'(\alpha)$ 为增函数，所以有：$\max f'(\alpha) = f'\left(\frac{1}{2} \right) = \ln \frac{e}{3} < 0$ 可知 $f(\alpha)$ 在 $(0, \frac{1}{2})$ 区间上单调递减，所以 $\max F(\alpha) = F(0) = \frac{1}{2}$ 因此有 $F(\alpha) < \frac{1}{2}$，所以得到结论：$T^s < T^*$。

命题 6 - 5：企业主导下的追溯系统产生的最大收益，低于社会最优的总收益。

相对于社会最优的参与度来说，在核心企业主导下追溯体系的参与程度不足，取得的收益也没达到社会最优。虽然社会希望企业加大可追溯系统的范围，希望农户更多地响应消费者质量安全的需求，但是企业和农户在最大化利润的过程中，都减弱了参与追溯体系的程度，比如跟社会期望相比，企业对追溯系统建设投资不多，对可追溯的标准要求不高，农户也不按要求记录化肥和农药的施用量。因此，社会希望政府出面推动可追溯体系的建设，通过法律法规和政策措施等手段促进可追溯体系的完善，优化社会总收益。

6.4.2　政府推动下农户和企业的行为选择

政府在推动追溯体系建设中，由于很难控制农户的参与程度，所以一般都是把主导企业作为抓手，通过加强对主导企业的监管、提高生产标准、予以政策优惠等手段和措施来提高企业的参与程度，在后文对绿富隆的案例研究中，我们就见到了北京市政府通过对绿富隆企业的各种扶持和帮助，提高了企业的信息技术水平。

本书在此假设政府通过一系列力量推动并强制企业参与程度必须达到社会最优的 a_s^*，并对企业提高参与度而产生的成本予以补贴。所以当企业参与程度为 a_s^* 时，农户和企业收益分别为：

$$R'_{mi} = \lambda a_{mi}^{\alpha} (a_s^*)^{1-\alpha} - \frac{1}{2} b_m a_{mi}^2 \qquad \text{式（6-22）}$$

$$R'_s = n(1-\lambda) a_{mi}^{\alpha} (a_s^*)^{1-\alpha} - \frac{1}{2} b_s (a_s^*)^2 \qquad \text{式（6-23）}$$

联立式（6-22）和式（6-23），求参与程度 a_{mi} 和企业分成 λ 的一阶导数，得到：

$$\lambda'_s = \frac{\alpha}{2} \qquad \text{式（6-24）}$$

$$a'_{mi} = \left(\frac{\alpha^2}{2b_m} \right)^{\frac{1}{2-\alpha}} (a_s^*)^{\frac{1-\alpha}{2-\alpha}} \qquad \text{式（6-25）}$$

证明：已知 $\dfrac{a'_{mi}}{a_{mi}^s} = 2^{\frac{1-\alpha}{2-\alpha}} \alpha^{\frac{\alpha(\alpha-1)}{2(2-\alpha)}} (2-\alpha)^{\frac{\alpha-1}{2}}$，假设 $g(\alpha) = \dfrac{1-\alpha}{2-\alpha} \ln 2 + \dfrac{\alpha(\alpha-1)}{2(2-\alpha)}$

$\ln\alpha + \dfrac{\alpha-1}{2} \ln(2-\alpha)$

求一阶导数：$\dfrac{\partial g(\alpha)}{\partial \alpha} = \dfrac{1}{(2-\alpha)^2} \ln 2\alpha + \dfrac{1}{2} \ln \dfrac{2-\alpha}{\alpha}$，

二阶导数：$\dfrac{\partial^2 g(\alpha)}{\partial \alpha^2} = \dfrac{2}{(2-\alpha)^3} \ln 2\alpha - \dfrac{1-\alpha}{\alpha(2-\alpha)^2}$

因为 $\alpha \in \left(0, \dfrac{1}{2}\right)$，所以 $g''(\alpha) < 0$。因此 $g'(\alpha)$ 是关于 α 的减函数，所以：

$$\min g'(\alpha) = g'\left(\frac{1}{2} \right) = \frac{1}{2} \ln 3 > 0$$

所以 $g(\alpha)$ 在 $\left(0, \dfrac{1}{2}\right)$ 区间上单调递增，因此 $\min g(\alpha) = g(0) = 0$

因此有 $g(\alpha) > 0$。所以有结论：$a'_{mi} > a_{mi}^s$。

命题 6-6：当政府推动企业优化参与程度时，企业实施的收益分成不变，而农户的参与程度提高。

政府虽然只推动了主导企业提升参与度，但是通过企业和农户的相互作用，同时也将农户参与的积极性提高，因此，从提高参与性的效果上来看，政府的干预不但没有改变市场交易的收益分配结构，而且对推动追溯体系产生了十分积极的作用。比如，笔者在调研中发现，商务部在给予某连锁超市资金和政策扶持之后①，超市提高了农产品入场的标准，与超市合作的专业合作社需要与超市的追溯系统对接，由此迫使超市上游组织提高了质量水平和追溯的参与度。但是，必须注意到政府的干预是有一定条件的，特别是要顾及农户的收益。

6.4.3 政府推动下各方的收益变化

在政府推动和强制下，企业和农户的参与程度都提高，则整体产生的收益就更大，因此企业获得的分成收益也更高，在政府对企业增加的成本进行完全补贴的情况下，企业获得的利润显然提高。

而农户在企业既定的参与程度下最大化的自身利润，他们的利润相对于政府不干预时也有一定的提高。在政府推动下农户的利润，将式（6－24）和式（6－25）代入式（6－22）得到：

$$R'_{mi} = \left(\frac{\alpha}{2}\right)^{\frac{2}{2-\alpha}} \left(\frac{2-\alpha}{2}\right) \left[n^{1-\alpha} \left(\frac{1-\alpha}{b_s}\right)^{1-\alpha} \left(\frac{\alpha}{b_m}\right)^{\alpha} \right] \qquad 式（6－26）$$

而没有政府推动时，农户产生的利润由式（6－12）可得：

$$R^s_{mi} = \left(\frac{\alpha}{2}\right)^{1+\alpha} \left(\frac{2-\alpha}{2}\right)^{2-\alpha} \left[n^{1-\alpha} \left(\frac{1-\alpha}{b_s}\right)^{1-\alpha} \left(\frac{\alpha}{b_m}\right)^{\alpha} \right] \qquad 式（6－27）$$

由已知可得 $\frac{R'_{mi}}{R^s_{mi}} = \left(\frac{\alpha}{2}\right)^{\frac{\alpha(\alpha-1)}{2-\alpha}} \left(\frac{2-\alpha}{2}\right)^{\alpha-1}$，取对数并设 $\varphi(\alpha) = \frac{\alpha(\alpha-1)}{2-\alpha} \ln \frac{\alpha}{2} +$

$(\alpha-1)\ln\frac{2-\alpha}{2}$

求一阶导数：$\frac{\partial \varphi(\alpha)}{\partial \alpha} = \frac{4\alpha - \alpha^2 - 2}{(2-\alpha)^2} \ln \frac{\alpha}{2} + \ln \frac{2-\alpha}{2}$，

则二阶导数为：$\frac{\partial^2 \varphi(\alpha)}{\partial \alpha^2} = \frac{4}{(2-\alpha)^3} \ln \frac{\alpha}{2} - \frac{2(1-\alpha)}{\alpha(2-\alpha)}$

因为 $\alpha \in \left(0, \frac{1}{2}\right)$，所以 $\varphi''(\alpha) < 0$。因此 $\varphi'(\alpha)$ 单调递减，所以得到：

---

① 该超市为全国大型连锁超市，进入了商务部首批"农超对接"试点单位名单。

$$\min \varphi'(\alpha) = \varphi'\left(\frac{1}{2}\right) = \frac{1}{9}\ln 4 + \ln\frac{3}{4} < 0, \ \max \varphi'(\alpha) = \varphi'(0) > 0$$

设 $\varphi'(\bar{\alpha}) = 0$，则 $\varphi(\alpha)$ 在 $(0, \bar{\alpha})$ 递增，且 $\min \varphi(\alpha) = \varphi(0) = 0$；

在 $[\bar{\alpha}, \frac{1}{2})$ 递减，$\min \varphi(\alpha) = \varphi\left(\frac{1}{2}\right) \approx 0.37 > 0$，所以 $\varphi(\alpha) > 0$，且在 $\bar{\alpha}$ 取极大值。

所以有 $\dfrac{R'_{mi}}{R^s_{mi}} > 1$，即 $R'_{mi} > R^s_{mi}$。

命题 6 - 7：当政府推动企业优化参与程度时，农户的利润相对提高。

政府的推动对总收益的作用是考查政府推动效果最重要的方面，如果政府推动追溯体系产生的总收益低于不推动时的总收益，那么政府的干预行为就是不恰当的，而如果能产生正的总收益，则说明政府的推动有积极的效果。

政府推动下，企业和农户的总收益为：

$$T' = nR'_{mi} + R'_s = \left[\left(\frac{\alpha}{2}\right)^{\frac{\alpha}{1-\alpha}}\left(\frac{\alpha}{b_m}\right)^{\frac{\alpha}{(1-\alpha)(2-\alpha)}} - \left(\frac{\alpha}{2}\right)^{\frac{4-\alpha}{2-\alpha}} - \frac{1-\alpha}{2}\right]\left[n^{2-\alpha}\left(\frac{1-\alpha}{b_s}\right)^{1-\alpha}\left(\frac{\alpha}{b_m}\right)^{\alpha}\right]$$

$$式（6-28）$$

而对于 T' 是否大于 T^s，取决于农户参与会引起的成本大小。

证明：$T' - T^s = \left[\left(\frac{\alpha}{2}\right)^{\frac{\alpha}{1-\alpha}}\left(\frac{\alpha}{b_m}\right)^{\frac{\alpha}{(1-\alpha)(2-\alpha)}} - \left(\frac{\alpha}{2}\right)^{\frac{4-\alpha}{2-\alpha}} - \frac{1-\alpha}{2} - \left(\frac{1+2\alpha}{2}\right)\left(\frac{\alpha}{2}\right)^{\alpha}\right.$

$\left.\left(\frac{2-\alpha}{2}\right)^{2-\alpha}\right]\left[n^{2-\alpha}\left(\frac{1-\alpha}{b_s}\right)^{1-\alpha}\left(\frac{\alpha}{b_m}\right)^{\alpha}\right]$

当 $T' - T^s = 0$，有：$\hat{b}_m = \dfrac{\alpha^{\alpha-4}}{2^{\alpha-3}}\left[\left(\frac{\alpha}{2}\right)^{\frac{4-\alpha}{2-\alpha}} + \frac{1-\alpha}{2} + \left(\frac{1+2\alpha}{2}\right)\left(\frac{\alpha}{2}\right)^{\alpha}\right.$

$\left.\left(\frac{2-\alpha}{2}\right)^{2-\alpha}\right]^{\frac{(1-\alpha)(2-\alpha)}{\alpha}}$

所以，当 $b_m > \hat{b}_m$ 时，$T' < T^s$；$b_m < \hat{b}_m$ 时，$T' > T^s$。

命题 6 - 8：当农户参与引起的成本较小，即 b_m 较小时，政府推动企业的措施是有益的，而当 b_m 较大时，政府的推动会反而会降低总收益。

政府的推动是否有益，关键在于引起农户成本增加的系数，如果农户参与度提高会引起较多的成本增加，那么农户参与程度和收益的增加就是以整体收益受损为代价的，只有当农户因参与度提高而产生的成本增加较低时，政府的推动才对社会整体福利有益。在实践总结中，提出的建立统一对接标准和追溯平台、降低参与的技术门槛、将追溯技术与农户日常种养殖结合等建议措施，都可以理解为降低农户参与系数的方法。因此，本书认为在农户参与的成本增加较小时，不但各方参与度增强，而且当政府推动时，社会整体收益也会增加。

根据命题6-6和命题6-7，政府对企业的推动，不但提高了农户的参与度，而且也提高了农户的利润，可是对企业而言，这并不是其最优选择，因为即使有成本的补贴来提高企业的收益，但仍然不是企业最大化利润下的参与度。但是，由于主导企业占去了整体利润的绝大多数份额，因此当政府推动时，企业尽管获得的利润相对较少，但还是有责任参与，并保证合适的参与度。

6.5 促进农户参与的解析

本章通过建立模型分析表明，农产品信息共享体系是一种参与规模越大，个体参与程度越高的"相容性集体物品"，通过降低农户和企业参与所引起的成本，能够很好地提高参与追溯体系的积极性。现实中以主导企业为核心的追溯体系，由于本身的结构，使得主导企业占去了绝大多数利润，并且让农民感到了分成的不公平。从全社会来看，核心企业主导的追溯体系并没有发挥最大的效益，各方的参与力度并没有达到社会所期望的程度，因此，为了更好地保证食品安全有可追溯性，需要政府来推动追溯体系的建设。

政府现实的选择是以主导企业为抓手，通过加强对主导企业的监管、提高主导企业追溯标准、给予资金补贴和政策扶持等措施，强制或推动企业达到社会所期望的参与程度。分析结果表明，政府的推动，不但提高了农户的参与度，而且提高了农户的收益。但是，由于企业的参与行为并不是其最优选择，所以就整体而言收益不一定提高，比较后发现只有当农户参与引起的成本较低时，政府的干预才是对整体有益的。

基于对信息共享激励机理的分析，本书认为在促进信息共享体系这种具有很强正外部性的集体物品建设时，最为关键的还是要降低参与农户的成本。不可否认，政府通过对主导企业的推动，如通过对企业的补贴和政策优惠，不但企业不会亏损，而且农户参与的积极性和产生的收益都提高，然而如果农户参与引起得到成本太高，对社会整体福利并没有积极的效果。比如目前为了推广追溯体系，各部门和地方为企业设立了很多项目，投入了不少财政资金支持企业搞追溯体系建设，尽管这些项目显示的效果比较好，然而整体收益水平还需要进一步判断。

鉴于目前农村地区由于受到种种条件的限制，实施追溯体系往往会使农户的成本增加很多，所以，本书认为在推动项目建设时应该更多地采取针对广大农户的措施，比如通过向农民提供信息技术和设备、采用更低廉便利的技术方案、加强农村的信息网络建设等方式减少农户的资金投入，通过培养农民记录的习惯、普及规范的农业技术、增强农民的质量过程管理意识等方式降低农户参与追溯体系隐性成本。诚然，这些工作对管理者而言，既复杂繁琐见效又慢，但这样能推动信息追溯体系更好地发挥整体效益。

本 章 小 结

本章通过建立"多对一"的博弈模型分析了农户参与信息追溯体系的努力程度，试图在以企业为主导的供应链结构下，阐释农户参与信息共享的激励机制。证明发现：

第一，当质量安全信息共享成为一种提高整体社会效益的"相容性集体"物品时，提高农户的参与规模以及减少农户和企业的参与成本，能够提高农户和主导企业的参与程度。

第二，目前以企业为主导的信息追溯体系中，企业占去了整体利润的绝大多数并且也没有达到社会最优的信息共享收益，然而推动企业提高参与程度是政府目前最现实的选择，并且企业的努力也能够提升农户的参与程度和增加农户的收益，取得快速、显著的效果。

第三，就整体社会收益而言，如果农户努力引起的成本太高，政府的推动措施就不利于整体收益。因此本章推理认为：要推动信息追溯体系的实施，关键还是要从农户入手，进一步减少农户参与信息追溯体系的各种显性和隐性成本。

第七章

政府农产品质量安全信息管理机制

　　食品安全问题是现代科技和经济发展产生的必然结果。随着科学技术水平的进步，越来越多的科学研究成果被应用到食品的生产、加工、流通和消费等环节，比如农药和化肥的使用提高了农产品的产量、保鲜剂和防腐剂的使用，延长了保质期，然而随着时间的推移，现代科技也逐渐证明很多物质会对人体造成危害。世界经济朝着扁平化、全球化、多极化的方向发展，农产品市场也相应地呈现出国际化和多元化的发展趋势，食品供应链因而长度越来越长、范围越来越大，面临的不确定因素越来越多，发生风险的概率也随之越来越高。

　　然而，食品安全问题除了客观的技术和经济因素外，更加严重的是行为人因利益驱动而在投入物的选择及用量上违背诚信道德而导致的食品安全问题（周应恒等，2003），这方面的问题需要适时地引入一些恰当机制进行监管和约束。食品安全在市场经济中有时不能通过价格机制利用"看不见的手"进行调节，由于市场会出现失灵的情况，所以有研究者认为，食品安全需要政府出面进行干预，对食品市场进行有力的规制和监管。然而，也有学者认为政府的介入会对市场和自由造成损害，甚至规制俘获下出现政府失灵，所以反对政府过度干预。就我国现实国情和食品安全属性而言，政府有必要出面对食品安全进行干预，但是干预需要抓住关键、把握好度。

　　第四章到第六章分别从企业、消费者和农户角度对农产品质量安全信息问题进行了讨论，主要是从微观方面对问题进行分析，而本章因为涉及政府的行为，相对而言较为宏观，主要是进行政策探讨和效果分析。本章首先归纳和分析了政府干预问题在理论上的争论，其次应用系统动态反馈分析信息管理的合理性，再次结合已有结论解析政府检测并披露信息对企业农产品质量管理的作用，最后阐述了政府助推食品安全信息管理的可能手段。

7.1　政府干预的相关理论

政府在市场经济中是否有必要作为？应该如何作为？政府行为的边界在哪？这些问题一直伴随着经济学发展，直到现在，学术界仍然还在激烈争论，从重农主义到重商主义，从自由主义到凯恩斯主义，从新自由主义到新凯恩斯主义，学者们对这个问题都有许多不同的理解和见解，在不同时期不同条件下激发出了各异的伟大思想，这些思想主导着各国乃至世界的经济和政府政策走向。

7.1.1　自由主义的观点

现代经济学之父亚当·斯密（1776）认为市场能够利用"看不见的手"通过价格机制安排经济生产活动，把个人的目的和社会生产的目标完美协调起来，他说"个人受着一只看不见的手的指导，去尽力达到一个并非他本意想要达到的目的。也并不因为事非出于本意，就对社会有害。他追求自己的利益，往往他能比真正出于本意的情况下更有效地促进社会的利益。我从来没有听说过，那些假装为公众幸福而经营贸易的人做了多少好事。"① 在此基础上，他提出了经典的政府三项作用：第一，保护国家不受其他国家的武装侵犯；第二，保护社会中的个人权利不受社会中其他个人的侵占；第三，建立并维持某些公共设施和公共事业。在一个世纪之后，斯图亚特·穆勒（1959）在《论自由》中以一种更不容置疑的口气说"任何人的行为，只有涉及他人的那部分才须对社会负责。在仅只涉及本人的那部分，他的独立性在权利上是绝对的。对于本人自己，对于他自己的身和心，个人乃是最高的主权者。"②

这种强调个人自由和有限政府的观点，影响了当时英国和美国的经济政策，政府一直奉行以"守夜人"角色维持经济秩序，直到 20 世纪 30 年代经济危机爆发后，该观点才受到了凯恩斯主义的有力冲击。当然，凯恩斯的观点同时也遭到了以哈耶克为代表的新自由学者的强烈反对。弗里德里希·奥古斯特·哈耶克（1997）在《通往奴役之路》中认为"如果由中央配给原料

---

① 这段话引自亚当·斯密的《国民财富的性质和原因的研究》，上海三联书店，2009 年。
② 引自穆勒《论自由》书中的内容，广西师范大学出版社，2011 年。

和配置市场，如果每一个自发行动都得由中央当局同意，如果没有中央当局的批准就什么事也不能做，中央当局就不可能公正，就不可能让人民按自己的意愿安居乐业。"① 此后，新自由主义另一个代表人物米尔顿·弗里德曼（2008）在《自由选择》中解释说"保持一个自由社会的主要问题便是，怎样才能确保我们为了保护自己的自由而授予政府的强制力量仅为保护我们的自由服务，而不致成为对自由的威胁。"② 政治经济学家詹姆斯·M·布坎南（2008）将政府视为"同经济学家研究的其他人的行为没有任何不同"的经济人，认为政治家也有自己的个人利益和其所代表的集团利益，并不是社会利益的真正代表，他们绝非除了社会公众利益外别无他求，因此反对将社会利益完全交付给政府去实现。

7.1.2   政府干预的观点

16 世纪下半叶的金本位时期，重商主义要求国家对经济进行强烈干预的思想受到推崇，在社会经济生活中政府干预经济的政策主张得到了施行。国家以金银作为衡量国家财富的标准，鼓励生产出口，限制商品进口，对内实行补贴，对外建立关税壁垒，大力增加贸易顺差。此后，随着《国富论》的出版，各国对经济逐渐采取了自由放任的态度。但是，庇古（1920）发现，在完全竞争的条件下，会出现边际私人纯价值和边际社会纯产值相背离的情况，由此提到了政府干预的必要性。此后，1929~1933 年的经济危机沉重打击了世界经济，新政府干预理论——凯恩斯主义在此时兴起并发展。凯恩斯 1926 年在《自由放任主义的终结》中提出了政府对经济实行干预的必要性，十年之后他又通过名著《就业、利息和货币通论》建立起政府干预经济的新理论体系，他认为由于存在"有效需求"不足，资本主义仅仅依靠市场力量并不能解决经济危机和失业的问题，因此需要一只"看得见的手"，即政府对经济的全面干预，才能摆脱经济危机的困扰。③

凯恩斯主义对缓解资本主义经济危机起到了良好的效果，然而，20 世纪中后期的经济运行事实说明，政府对经济的干预并不是万能的，凯恩斯的理论也不是绝对正确的。凯恩斯主义受到了新自由主义的挑战。随后在 20 世纪 80

---

① 此段为哈耶克在《通往奴役之路》一书中表述，中国社会科学出版社，2013 年。
② 弗里德曼在《自由选择》中有相关论述，机械工业出版社，2013 年。
③ 引自凯恩斯的经典著作《通论》，中国社会科学出版社，2009 年。

年代，约瑟夫·斯蒂格利茨又提出了政府干预的新思想，认为政府应该在经济活动中积极发挥补充和矫正市场失灵的作用，特别是在信息不对称下，信息作为一种具有公共物品属性的稀缺资源，政府应当保障信息的有效供给。[①] 新凯恩斯主义的代表人物保罗·克鲁格曼抨击美国 80 年代吹起的新自由主义经济风潮，认为没有管制的资产阶级是造成全球经济灾难的主因，呼吁重新认识政府干预问题。[②]

7.1.3　政府有限干预

斯密在提倡自由经济时，也提出政府需要在三种情况下有所作为，并且在《道德情操论》中还强调以"公正且无偏的第三方"来判断事物的价值，在处理问题时需要一个冷静、谨慎和适宜的第三方进行评判，而在经济事务中政府就是一个比较好的协调方。[③] 哈耶克十分强调自由，但是也提倡政府在法治下行动，"法治政府的行动只限于确定那些决定现有资源得以使用的条件，至于使用这些资源于何种目的，则听由个人去决定"。[④] 弗里德曼也提出"自由市场的存在当然并不排除政府的需要。相反地，政府的必要性在于，它是就'竞赛规则'的制定者，又是解释和强制执行这些已被决定的规则的裁判者。市场所能做的是大大减少必须通过政治手段来决定问题的范围，从而缩小政府直接参与竞争的程度"。[⑤]

随着经济和社会的发展，不论是自由市场派还是政府干预派，都在不断改进自己的观点。从现实的社会结构出发，政府是已经切实存在的社会管制机构，不可能完全忽视政府的作用；而从世界经济的发展历程来看，政府也不可能具备完全掌控经济的能力，经济自由的发展是大势所趋。所以，现阶段经济理论中更强调的是，在有效约束政府权力下，国家对国民经济进行有限的干预。市场并不万能，政府也并不完善，市场经济和政府管制并不是替代物，政府的作用应当是增进市场，补充和矫正市场失灵，而不是管控市场经济的具体

---

① 斯蒂格利茨在《公共部门经济学》一书中，有较为深刻的表述，中国人民大学出版社，2013 年。

② 克鲁格曼在《现在终结萧条》等书中，都提出了改善政府干预政策的观点，中信出版社，2012 年。

③ 斯密的另外一部著作《道德情操论》，上海三联书店，2008 年。

④ 引自哈耶克《通往奴役之路》一书，中国社会科学出版社，2013 年。

⑤ 引自弗里德曼《自由选择》一书，机械工业出版社，2013 年。

运行。政府有限干预的重点就在于为了保障自由市场经济的运作，政府应当最低限度地运用合法的干预手段对市场进行干预。

7.2 政府有限干预下的食品安全信息管理

因为食品安全存在信息不对称、负外部性和公共性，所以政府需要对食品安全问题进行市场干预已经是一个理论共识，但是对于政府处理该问题时应当采用何种措施还存在理论争论。理想的政府干预是能够既不妨碍市场经济中的自由，又能保障市场竞争中的食品安全，而政府以促进信息披露和交流、增加市场信息透明度为目的的信息管理措施，无疑是满足以上两点的有限干预措施。

7.2.1 食品安全问题的属性

第一，食品安全问题的信息不对称性。如前文第二章和第四章所述，信息不对称问题是导致食品安全问题发生的本质原因，消费者对产品质量的了解根本不可能比生产者和销售者了解得更多，并且由于食品安全具有"信任品"的特殊性质，消费者在市场中就更加处于信息劣势的地位，比如不能获知蔬菜真实的农药和化肥的使用情况，从而使得生产者可以利用信息的优势采取机会主义行为，将不合格蔬菜标榜为"无公害蔬菜"来欺骗坑害消费者。

第二，食品安全问题的负外部性。外部性是指一定的经济行为对外部的影响，造成私人的成本与社会成本、私人收益与社会收益相偏离的现象。按照偏离的方向分为正外部性和负外部性，而负的外部性是指一种经济行为给外部造成消极影响，导致他人成本增加，收益减少（王俊豪，2001）。不安全的食品会给消费者健康造成危害，可能给个人和社会造成昂贵的医疗负担，并且还会引起消费者对市场中食品普遍缺乏信任，造成连锁反应损害合格产品的销售，甚至会给整个社会带来不稳定因素，所以不安全食品引起的社会边际成本很高，远远大于不良企业自身的边际生产成本。不安全食品的负外部性就是，不良企业按照最大化边际收益进行生产，产生很大的边际外部成本，给社会带来很大的损害。

第三，食品安全信息的公共物品属性。公共物品的属性具有非排他性和非竞争性，非排他性是指在技术上不可能将拒绝为他支付费用的个人或厂商排除在公共物品或服务的受益范围之外，非竞争性是指在一定范围内任何人或厂商对某一公共物品的消费都不会影响其他人对这一物品的消费，并且新增他人消费的边际成本为零（保罗·萨缪尔森）。食品安全信息显然具有公共产品的属性，因为食品安全信息通过传递可以被所有消费者获得，不可能对其他消费者获得信息加以限制，一个消费者使用食品安全信息也并不影响其他消费者的使用（Caswell and Mojduszka，1996）。因为提供食品安全信息所需花费的成本较高，例如需要支付大范围采集样本、聘请专业人员进行检测、建立信息发布平台等费用，而消费者只会对信息进行免费享用，所以私人提供者不能获得超过成本的收益，私人没有意愿主动提供服务，最终只能通过政府进行提供。

7.2.2　政府管理食品安全信息的边界

食品安全问题具有的三种性质，为政府干预提供了理论支持，但是政府干预应当利用的手段以及干预的程度在理论中还存有争论。

首先，食品安全确实有着严重的信息不对称，但是除了政府管制的手段外，还有着市场自发的调节机制，市场机制在一定程度上也能缓解信息不对称，比如通过企业的广告、品牌和信誉使得消费者了解到更多的信息。因而，政府作用力应当在加强市场中信息的真实和有效上，通过强化优胜劣汰的市场机制以降低消费者信息搜寻成本，而不应有选择性地甚至以特权的形式只向某些消费群体告知信息。

其次，就外部性而言，由外部性造成的市场失灵是实行政府管制的必要条件，但不是充分条件（王俊豪，2001）。政府管制成为完全必要还要求政府管制的收益必须大于政府管制的成本，只有管制成本小于消费者剩余增量与生产者剩余增量之和，增加了社会福利之后才能表明这种管制的必要性。所以如果政府以信息标准为说辞，通过设置一些进入障碍和过度标准导致了生产者剩余的减少，同时又因为价格提高减少了消费者剩余，那么这样的管制就是不恰当的。

最后，传统经典的公共物品由政府提供要比私人提供效率高，但是研究也发现政府提供公共物品存在一定的低效问题，比如政府不了解个人偏好、官僚机构缺乏动力、政府部门寻租等问题。政府应当提供的是国防、治安等纯公共物品，对于排他技术成熟的物品可以考虑由市场生产和提供，比如图书馆、电影院，而对于公益事业，如医疗、教育、基础设施等，因为兼具私人性质和公共物品性质，其中具有公共性质的业务应由政府提供，而消费可分的私人业务，应交与市场提供。对于食品质量安全信息而言，如果能够通过技术手段实现收费排他，那么就可以通过市场提供这种公共物品。

7.2.3　政府恰当的手段是促进食品安全信息提供和反馈

政府对食品安全的监管有多种手段，有直接的经济管制方法，也有间接的社会管制的方式。一般在对健康、安全和环境保护中更多的是进行社会管制，通过对产品和服务的质量，以及为了提供这些产品而产生的各种活动制定一定标准，采用禁止、限制特定行为的管制，以达到保障消费者和劳动者的安全、健康、卫生、环境保护、防止灾害的目的（植草益，1992）。在食品监管中可以运用的管制手段可以简单分为两种，一是强调政府强制监管，制定严格的产品质量安全标准，通过严格立法和执法以禁止和查处不合格产品；二是政府注重增进信息交流，通过采取措施促进政府自身和相关企业提供更多的信息。

第一种手段，政府一般是对市场生产和经营主体进行直接管制，以法律法规的形式，采取准入制度以提高企业进入资质，制定严格的生产和加工标准，加大执法的力度处罚不合格的厂商。这种方式并不能从根本上解决问题。首先，对企业的干预限制会提高生产厂商的生产成本，行业准入限制甚至会导致形成利益集团，集团垄断普通产品的生产和销售后，最终会通过提高价格的形式将成本转化给消费者；其次，政府大力的监管和反复的检查，需要相应地增加政府执法部门和执法人员，如此不但造成了权力集中，而且必然增加社会的管制成本，最终仍旧通过税收的形式让消费者买单；最后，最根本的是，对关键问题在信息不对称的食品安全而言，政府提高标准和加大执法后，消费者仍不能获得充足的信息，而如果质量不能得到市场中消费者的认可，那么企业销售的产品价格就不会被消费者接受，如此，企业要么退出市场，要么为了获利只能降低产品质量，并通过向政府部门行贿等手段在市场中以次充好地销售产品。所以这种方式不但增加了消费者成本，而且增加了企业的成本、政府监管成本甚至整个社会的成本，极不合理（Ritson，1998）。

第二种手段，通过促进市场参与主体加强信息供给，使食品安全由信任品部分转化为搜寻品，这是一个能够从根本上解决问题的方法。安全食品的提供，需要生产者获得消费者的理解，而消费者理解的基础在于获得充足的信息对食品安全性进行判断，但是消费者为信息搜寻而付出的成本很高，所以政府干预的目标就应该是促进生产者等主体提供更多信息，减少消费者获得这些全面信息的成本。这种促进信息透明的手段，将在下一节通过动态反馈分析进行更具体的说明。如果要在禁止具有风险的产品与提供相关信息两者之间做出选择，那么政府应该选择提供信息（Magat and Viscusi，1992）。

出于保护消费者安全的强制干预，可能其发展方向和发展路径与发起者的本意大相径庭。政府如果能够通过食品安全检测机构获得食品安全相关资料，获得一般人无法得到、有关食用安全的信息，那么政府就应该通过公共的信息发布平台向消费者提供这些信息，解决消费者信息缺失问题，让消费者利用所得信息自己去判断自己的需求、自己选择自己需要的食品，通过市场机制自由选择以实现食品安全。

7.3　农产品质量安全问题的动态反馈分析

处理具有复杂性的系统问题时，应当摒弃机械思考和静止思考，应用动态的思维找到解决问题的"杠杆解"，否则的话就犹如"抱薪救火，薪不尽而火不灭"。[①] 就食品安全这个社会问题而言，也十分有必要从整体上系统地看问题，频发的食品安全事件，也许更多的是来自背后的结构模式问题，而不仅仅是企业和个人的失误或恶意所为。如若不找到食品安全的核心结构问题，放弃提供信息和与消费者交流，一味地加强监管和提高标准，那么在这样的政府干预下，只会在市场中引发更严重的问题，不但食品安全得不到解决，反而还会引起民众的不满并滋生其他一些社会问题，以至于损害政府的公信力。下面的动态反馈分析，就提供了在系统管理中解决食品安全问题的"杠杆解"。

7.3.1　质量安全问题成因的动态反馈分析

农产品质量安全问题应当被视为一个社会的系统性问题，系统运作过程中涉及到方方面面的多个主体，而主要的主体为政府、企业和消费者，参与市场竞争的是各个生产企业和销售企业，产品价值是通过消费者购买最终实现的，

---

① 此句取自北宋著名散文家苏洵的《六国论》。

而保护消费者利益、维持市场运行的是政府，三者的沟通交流通过信息传递来实现。本书将整个系统拆分为了三个相互作用的反馈环，并运用系统反馈进行分析说明食品安全在市场中发生的原因，过程如图7-1所示。

首先是以企业生产为主的第一个正反馈环：市场价格→利润→农产品质量→市场价格。市场价格和利润之间是正向的关系，市场价格高低影响着企业利润的多寡，如果产品价格高，相应地企业能从销售中获得利润也多；利润和农产品质量之间也是正向的关系，利润决定着企业对农产品质量的投入，因为只有获得丰厚的利润，企业才会有改进质量的激励；农产品质量和市场价格之间也是正向的作用，农产品质量提高伴随着相关的成本投入的增长，农产品质量被消费者感知而形成市场价格，质量越高市场定价也会越高。

其次是在消费端形成的第二个正反馈环：市场价格→消费者收益→产品评价→市场价格。市场价格对消费者收益是一个正向强化过程，消费者按照市场价格购买农产品，如果价格能真实反应产品的质量，那么消费者能从高质量的农产品中获得更多的满意，得到高的消费者收益；消费者收益和产品评价之间也是正向的过程，因为消费者收益提高了，对产品的评价也相应地会得到提高；产品评价和市场价格是一个市场确认的正向过程，若消费者对产品评价提高了，则会更加接受市场中农产品的价格。

相反，如果高价格买到了低质量的农产品，此时劣质品危害了消费者的健康，消费者满意度下降，消费者获得的收益很低甚至是负收益，必然是对农产品的劣质评价，最后会不接受市场中农产品的价格。

最后是一个维持系统稳定的包含信息传递的负反馈环：产品质量→信息→产品评价→市场价格→利润→产品质量。如果由于信息不对称的存在，农产品的质量信息不能由传播渠道准确和充分传递，而导致消费者未能充分获得相关信息，那么消费者会降低对该类农产品的评价，作用于市场价格之后，表现为不认可和接受市场价格；随后，因为市场价格到利润再到产品质量之间为正反馈，所以随着价格的降低企业的产品质量也降低，如此再通过这个负反馈环导致价格和产品质量的进一步下降。

从农产品成因基模分析可知，质量安全问题产生的"柠檬市场"过程是：在第一时期，普通消费者由于缺乏足够的信息来辨析真实的质量，通常只能根据自己观察去评价农产品质量，得到一个农产品的平均质量，为了有一定收益，消费者只会按照根据经验获得的平均质量来支付价格。但是，在市场中出售的高质量农产品由于需要较高的成本进行生产，而平均价格不能使其得到足

够的利润甚至产生亏损，所以理性的生产者将在下一期的生产中降低质量或者
退出市场，因此下一期的市场中只会出现质量较低的农产品。与此同时，消费
者发现质量降低后还会进一步降低质量评价减少支付意愿，这样在第二个时
期，质量稍高的农产品也退出市场，最终市场上只会存在劣质的农产品，甚至
市场消失。如此产生了一种恶性循环的正反馈圈，市场中农产品的质量越来越
差，农产品生产者的利润越来越低。

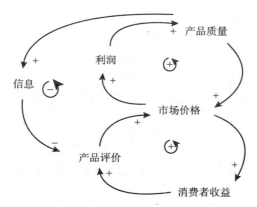

图 7 - 1　农产品质量安全成因基模

7.3.2　农产品质量安全问题的解决支点

面对越来越严峻的农产品质量安全形势，消费者要求政府来解决农产品质
量安全问题，政府因此出台了许多监管政策，采取了许多监管手段，加大了执
法力度，希望借此推动农产品生产者提高质量，保证农产品质量安全。但是，
政府简单的监管手段确实能推动市场中农产品质量提高么？本书分析后对此问
题的回答是否定的。如图 7 - 2 所示，政府对质量施加了政策影响后的动态反
馈分析。农产品质量出了问题，按照线性的思考方式，理应加强质量管理提高
农产品质量，所以政府在质量管理环节采取措施，要求生产者提高农产品质
量。然而，在图 7 - 2 中发现，这种仅仅加强企业质量监管的方法只是助推了
正反馈，放大了正反馈的传导过程，消费者评价劣质品的信息获得途径并没有
改变，对农产品劣质评价没有降低，依旧根据所获得的信息来判断产品质量水
平后再进行购买。并且，政府的监管不可能面面俱到，从而市场中依旧会出现
不安全的产品，如此，企业就面临更大的成本压力，更多的企业会退出生产，

有的企业为了生存可能向政府行贿以求逃避监管，更恶劣的企业甚至会欺骗监管，比如添加"三聚氰胺"以达到牛奶中蛋白质含量标准。[①]

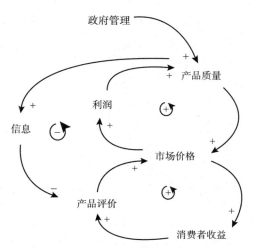

图7-2　政府推进企业提高质量管理基模

"头痛医头，脚痛医脚"的线性措施缺乏系统性，没有找到解决问题的支点，反而引起更大的问题。按照系统的观点：与其助推正反馈环路，不如消除负反馈环路的限制。如图7-3所示，问题的症结出在信息传递不畅、信息失真导致消费者不能全面评价农产品的质量，解决问题的杠杆在完善信息管理、建立信息披露制度，政府应该对信息传递施加影响，促进信息的提供，从负反馈圈中找到管理措施。这种方式的原因在于：第一，市场中农产品具有的信任品特征并不能充分传递，消费者处于完全劣势，信息完全被生产者掌握，因此需要获得更多的信息；第二，消费者愿意为信息完备的农产品提高支付，对信息透明的农产品更加放心、更有支付意愿能。因此，政府着力于信息管理使信息充分传递后，消费者对优质产品的评价会提高，支付意愿也相应提高，而市场价格提高后生产者利润将增加，企业更有动力加强产品质量，好的质量传递到消费者之后，消费者从产品中获得更多收益。如此，一个良性的市场系统形成，企业获益，消费者满意度提高，政府也不必干预市场中企业的微观运行，使得市场通过自身调节而良性发展。

---

① 2008年爆发的三聚氰胺事件的起因，就是农户为了达到牛奶的蛋白质标准，向鲜奶中添加所谓的"蛋白粉"。

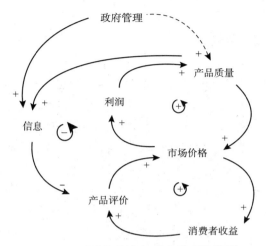

图 7 – 3　政府加强市场信息管理的基模

7.4　政府公布检测信息对供应链质量投入的影响①

　　第四章分析认为政府促进信息披露是控制食品安全问题的关键环节，下文将运用委托代理模型说明披露检测信息对提高供应链质量安全的促进作用。此处的分析将农产品供应链简化为三个主体：一个是农产品的生产和加工企业，另一个是销售和流通企业，最后一个是消费者；并且简单假设政府只在两个环节进行检测，即进入流通环节前检测和进入消费市场前检测，检测后政府发布信息，企业在信息公布后自己承担损失或者获得收益。

　　从企业角度研究农产品质量安全管理的动机中，学者认为企业基于自身利润最大化而实施食品安全控制的动机，一方面是受市场驱动，另一方面是源于农产品质量安全的各种准入标准和售后对不合格品的追责等带来的损失（Henson，1998；Caswell，1998）。由此，根据以上的研究，建立一个有政府检测的农产品供应链的委托代理模型，分析政府的检测和市场损失对农产品供应链中企业质量投入的影响。

---

① 本节涉及的主要模型和方法，参考和修改了作者于 2011 年 6 月发表在《软科学》的论文。

7.4.1　问题描述及假设

假设该供应链模型以销售和流通企业为核心，生产和加工企业作为供应商，进行农产品的养殖和种植，负责农产品第一个环节的质量安全，其应当保证农产品没有过量使用农药和激素、没有添加有害有毒物质等，各个供应商的产品进入流通渠道之前，必须通过产地检验检疫部门检查才能进入流通渠道，检测机构将检查结果向流通企业和消费者公布，如果检测结果符合合同标准，流通企业则接受该批农产品，如果不符合质量约定，则接受流通企业的处罚；流通企业采购达标的农产品后，开始对第二个环节的产品进行质量控制，如产品的分类、保鲜、简单加工、存储、运输、消毒等，在销售给顾客之前还必须经过政府检验检疫部门的抽检，政府部门将检测标准向消费者公开，如果检测结果与企业承诺不符，那么企业将被消费者依法追究赔偿。如图 7-4 所示。

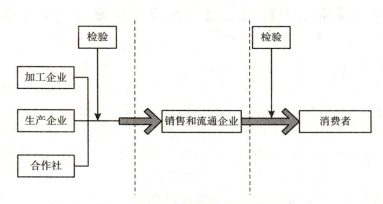

图 7-4　安全检测下的农产品供应链

本书假设只有生产和加工企业以及销售和流通企业这两类企业在供应链中需要承担质量安全责任，所以这两者需要进行与质量安全有关的质量投入。

假设两节点与质量控制力度的相关成本投入是一个递增函数，而且质量控制力度与被检验合格率相关，供应商节点的收入和惩罚与产品质量相关，之后将运用激励理论分析供应商和流通企业的最佳质量控制的力度。

假设供应商和流通企业由质量控制力度加强而产生的成本为一个单调增函数：

$$C_i = a q_i^2 / 2 \quad (0 < q_i \leqslant 1,\ a > 0,\ i = 1,\ 2) \qquad 式（7-1）$$

q_i 为供应链中各节点的质量控制力度，q_i 的取值在（0，1］之间，q_1 表示生产企业的质量控制力度，q_2 代表流通企业的质量控制力度；a 代表与质量控制力度相关的技术系数，企业质量控制技术越高则 a 越小，引起的成本 C_i 则越低，反之亦然。

生产企业和流通企业出现的不达标产品的概率为：$\theta_i = 1 - \alpha q_i$，$0 < \alpha < 1$，$\alpha$ 为合格品与质量控制力度相关的系数。

检验检疫由外部的政府机构或相关第三方完成，且他们的努力程度等同于不合格产品被检测出的概率 γ_i，$0 < \gamma_i \leqslant 1$；合格产品都能通过检测；γ_1 表示第一阶段对生产企业的产品的检测，γ_2 表示第二阶段对流通企业出售产品的检测。

供应商的产品合格后，流通企业为激励生产企业提供高质量的农产品，提供与质量相关的加成奖励，以比市场价 c 高的价格 p_1 收购：$p_1 = c + dq_1$，$0 < d < 1$。

假设最终的消费者市场是一个完全竞争的市场，流通企业只能在产品经过检验合格后按照约定的价格 p_2 进行销售。

每个阶段若出现检测不符合约定的产品，则会给责任企业带来 ω_i 的损失，$\omega_i > p_i$。

生产企业和流通企业的期望收益如图7-5和图7-6所示。在农产品质量

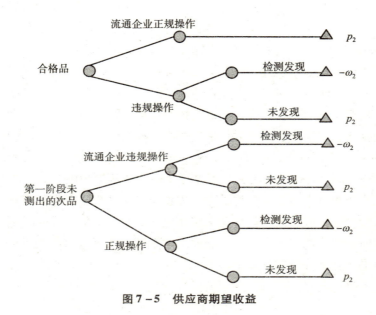

图 7-5　供应商期望收益

问题可追溯时，第一阶段未检测出的不合格品，在流通企业正常运作的情况下，第二阶段被检测出不合格的产品将追究供应商的责任，对供应商会产生 ω_2 的损失；在第一阶段未检测出的不合格产品，经过流通企业不达标操作后，在第二阶段被检测出问题将由流通企业负责，给其带来 ω_2 的损失；其他情况检测出的质量问题则由相应节点负责。

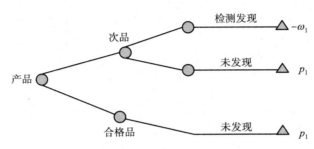

图 7-6　流通企业期望收益

7.4.2　结果及分析

在以上假设条件下，供应企业和流通企业的期望收益值分别为：

$$\pi_1 = (1-\theta_1)p_1 + \theta_1(1-\gamma_1)p_1 - \theta_1\gamma_1\omega_1 - \theta_1(1-\gamma_1)(1-\theta_2)\gamma_2\omega_2 - C_1$$
式（7-2）

$$\pi_2 = (1-\theta_1)(1-\theta_2)p_2 + (1-\theta_1)\theta_2(1-\gamma_2)p_2 + \theta_1(1-\gamma_1)\theta_2(1-\gamma_2)p_2$$
$$+ \theta_1(1-\gamma_1)(1-\theta_2)(1-\gamma_2)p_2 - (1-\theta_1)\theta_2\gamma_2\omega_2 - \theta_1(1-\gamma_1)\theta_2\gamma_2\omega_2$$
$$- (1-\theta_1)p_1 - \theta_1(1-\gamma_1)p_1 - C_2$$
式（7-3）

在该模型中流通企业作为供应链的核心，供应企业则是农产品生产的代理人。流通企业将以期望利润最大化来选择质量控制行为，但其面对着供应企业的参与约束（IR，Individual Rationality constraint）和激励相容约束（IC，Incentive-compatibility constraint），也就是说供应企业从参与供应链中得到的期望收益不能小于不参与时能得到的最大期望收益，而且流通企业所希望的行动只能通过供应企业的收益最大化行动来实现。在参与约束中，假设供应企业不参与供应链时能将产品以市场价格 c 出售，且不会面临质量追溯的可能损失 ω_2。因此，流通企业面临的问题如下：

$$\underset{q_1, q_2}{Max}\ \pi_2$$
$$s.t.\ (IR)\ \pi_1 \geqslant (1-\theta_1)c + \theta_1(1-\gamma_1)c - \theta_1\gamma_1\omega_1 - C_1$$
式（7-4）

$$(IC) q_1 = \arg \underset{q_1}{Max} \pi_1 \qquad 式（7-5）$$

将式（7-4）代入目标函数，并对 q_2 求一阶导数，同时得到二阶导数为 $-a < 0$，所以令一阶导数其等于0，可以得到流通企业的最优质量控制力度为：

$$q_2^* = \frac{\alpha^2 \gamma_2 q_1 (p_2 + \omega_2)}{a} \qquad 式（7-6）$$

当流通企业的最优质量控制力度确定后，供应企业将选择自己最优的质量控制行为。将式（7-6）代入式（7-2），为满足供应商的激励相容（7-5），对 q_1 进行一阶求导并令其为0，得到：

$$q_1^* = \frac{\alpha c + (1-\gamma_1)(d - \alpha c) + \alpha \gamma_1 \omega_1 - (1-\gamma_1) \gamma_2 \omega_2 \dfrac{\alpha^3 \gamma_2 (p_2 + \omega_2)}{a}}{a - 2\alpha d\gamma_1 - 2(1-\gamma_1)\gamma_2 \omega_2 \dfrac{\alpha^4 \gamma_2 (p_2 + \omega_2)}{a}}$$

$$式（7-7）$$

前文提到我国许多学者在农产品质量上进行调查研究后，基于实践经验提出了许多我国食品质量安全令人堪忧的原因，认为食品质量问题是由于供应链各主体受利益驱使而做出危害行为，是从初级农产品生产到最终消费各个环节积累的问题，比如说包括在生产环节中难以控制农民对农药、激素等的滥用，企业质量管理技术落后，监管环节检测和处罚不力，加工环节缺乏质量监控，运输和销售环节中易受污染，问题产品难以追溯等。

通过本模型的推导发现，上述的若干因素确实一定程度影响了相关主体质量控制的力度。尤其是在产销对接模式下，若农产品的质量可追溯，每个环节对质量控制的努力都影响到另外一个环节的期望收益和整个供应链的收益，而且每个环节面临着不合格品被检测出来的损失，由以上式（7-6）和式（7-7）可知每个环节的质量控制力度与检测力度、处罚、价格、质量控制技术及另一个环节的质量控制力度相关。

第一，流通企业作为该模式的核心企业，它追求自身利润最大化的时候，面临着维系供应链的存在和供应商最大化利益的约束。由式（7-6）可知，第二道检测环节的力度 γ_2、损失 ω_2 对流通企业最优的质量控制力度 q_2 都有正的影响；质量控制的技术系数 a 影响表现在 a 越小，也就是技术越好引起的成本增加越小，质量控制力度越大。因而在实践中，加大对流通企业农产品质量的检测力度，提高对不达标农产品的违约金额，提升企业质量控制技术水平，都是加强流通企业质量控制力度的有效方法。

第二，对于供应企业来说，作为农产品供应的代理人，它的质量控制力度为隐匿信息，其在满足自身基本收益同时还追求最大化利益，供应企业会基于流通企业的质量控制力度 q_2^* 决定自身的最佳质量控制力度，结果如式（7-7）所示。第一阶段的质量检测 γ_1 的增加，会降低供应商的期望收益，在严格的检测下供应商将在适合的控制成本下提高合格率以平衡期望收益。将第二阶段相关的系数都看成为常数，特别的，如果在第一阶段的源头检测中检测机构进行完全的检测努力，即 $\gamma_1 = 1$，则：

$$q_1^* = \frac{\alpha c + \alpha \omega_1}{\alpha - 2\alpha d} \qquad 式（7-8）$$

由式（7-8）得到，相对于流通企业只能根据，市场价格 p_2 取得收益，供应企业得到的，与质量控制力度 q_1 相关的价格激励 d，也能影响其对质量的控制。同样，对检测不合格带来的损失 ω_1，也对生产和加工企业提高质量控制有着正的激励作用；而技术系数 a 与质量控制有相反的关系。

第三，在基于质量可追溯的条件下，最后环节的检测力度 γ_2 和产生的严重损失 ω_2 对整个供应链质量投入的提高都有着影响。推导证明了最后的检测对全局有着重要的影响，把好最后一道关能够提高供应链整体的质量控制水平；而市场惩罚不安全产品对整个供应链提高质量管理水平也有正向的作用，不论是流通企业还是生产和销售企业，都需要关注市场中消费者对不安全农产品的态度。

7.4.3 质量投入与信息获取和披露的关系

本章得到有关质量控制投入的结论与第五章消费者能否获得市场信息而生产企业采取的质量控制投入有着内在的一致性，另外部分结果还与第三章和第六章有关质量安全管理问题的成因和激励有着相关性。在此将各个章节理论得到的交集进行分析：

第一，提升质量管理技术，降低由于加强质量控制而引起的成本增加能够激励企业的质量投入。这章得到的结论表明，如果提高生产和加工企业以及销售和流通企业的质量管理技术，即降低质量成本系数，那么这两个节点都会提高在质量控制上的投入。这一点与在第六章农户和龙头企业降低参与成本系数能够提高参与程度的结论一致，因为当农户和企业通过改进信息共享技术，降低参与引起的成本时，能够提高质量管理效率，同等支付下则相应地提高了参与程度。此外，通过提高质量控制的技术，也会增加参与主体的收益并降低生产的成本，该点与第三章促进企业向好企业转变的条件一致，并且也暗含了拥有高技术企业更能顺利地向外发布信息，与第四章企业向外传递信息的结果吻合。因此，十分有必要推动先进科学技术的应用，通过应用高的质量安全管理技术，提升农产品质量安全管理。

第二，提高对高质量农产品的收购价格，能够激励生产者提高质量管理投入。这一章和第五章虽然假设前提不同，但是如果流通企业对供应商高质量农产品提供价格激励，生产企业都将相应提高质量水平。农产品生产商和流通商之间为了保持长期合作关系，减少市场交易费用，对上游企业给予一定的价格激励，在长期合作中形成的均衡价格对农产品的质量提高有着正向的影响。

第三，市场的价格对整个质量投入有着重要的影响。本章证明了市场销售的价格对整个供应链提高质量投入有着重要的意义，而在第四章企业信号传递行为和第五章消费者对质量认知的研究中都体现了，如果市场价格提高，那么企业也会加强在质量安全管理中的投入。这说明本书研究中强调企业发送信号和与消费者交流的重要意义，通过这些手段加强消费者的认知、提高支付意愿能够加强市场的正向反馈，形成高质高价的良好市场局面。在本节中，政府的行为以检测并公布信息的形式出现，这种行为会以影响消费市场的认知进而影响价格的方式，最后通过价格机制影响企业销售来倒逼企业承担市场风险、加强质量安全管理。由此可见，前文提到的企业主动信息披露、增加与消费者交流渠道，以及消费者通过组织的形式加强对企业和农产品的认知，都能够通过市场的方式提高企业的质量安全水平。

7.5 政府信息管理的合理手段

上文分析了政府有限干预下借助市场机制解决食品安全的必要性和有效性，并且从社会系统的角度分析了推动信息交流和反馈以缓解信息不对称对食品安全的重要意义。一般来说，消费者获取信息后采取购买决策，并按照个人偏好选择市场上不同质量的产品，是一个通过市场机制来解决食品安全问题的理想方式，但是受制于人类自身思考模式、社会背景等因素，即使在完全信息下往往也不能做出理性的决策。人并不是教科书中假设的完全理性的"经济人"，人大多数情况下只有有限的理性，并经常会采取不完全理性的行为，表现出来更多的是社会人行为，因此，人在做决策时需要外部一些恰当的"助推",以尽可能地优化人的选择结果，提高社会效率，同时又不妨碍人的自由选择。

7.5.1 观点的形成和应用

相关经济行为理论中存在很多对人决策行为的研究，古典经济学中对人做了完美的假设，认为人出于对最大化自身利益的追求，能够在最大边际收益下进行最优的经济选择。但是这种观点受到了很多挑战，心理学和行为学通过一系列研究很大程度上否定了这种观点，有人甚至戏称只存在两种人，一种是"经济人"，一种是人类，把经济人排除在普通人类之外。行为经济学的兴起为研究人类的决策和促进人类的选择做出了重大贡献，他们提出的许多观点能够更好地为我们的社会服务。

赫伯特·西蒙（1947）研究管理行为中发现，决策者并不是完全理性的经济人，而是只具备有限理性的社会人。他认为人在行为上并不总是追求最大效用，人受制于环境、时间和有限的认知，只能选择"满意"，而不是达到"最优"。丹尼尔·卡尼曼（1974）把心理学和经济学研究结合起来观察人在不确定的情况下如何决策后发现，人们面对不确定事件的概率和不确定数量的价值时会违背理性原则，对损失和收益表现出逻辑不一致的偏好。从行为经济学解读出来的人类决策过程，部分否定了完全竞争市场对人完备理性的假设，认为市场中人的行为可能会偏离最优的社会选择，因此需要外部给予一定的指导和推动。

人类做出决策很大程度上并不是理性的，需要帮助才能做出好的决策，才能使得决策符合人们自身和社会的长远利益，但是这需要在不剥夺人们自由的前提下去帮助。理查德·泰勒和卡斯·桑斯坦（2008）提出了一种"自由主义的温和专制主义"的观点，即允许国家和其他机构"助推"人们做决策，并且这种推动以通过告知或不介入的方式得以实现。通过鼓励"清晰、简单、显著及有意义的披露"，当人们不确定如何做时，架构对有关收益和损失问题的信息，借助人类决策的特点引导消费者做出决策。①

"自由主义的温和专制主义"中的两个词语"自由主义"和"专制主义"似乎是相互矛盾的，但是将两者组合到一起就有了比单独使用更多的含义，是

---

① 观点来自于理查德·泰勒和卡斯·桑斯坦发表的《助推》一书，由中信出版社 2009 年出版。

一种现实条件下社会可以实践应用的第三条道路。泰勒和桑斯坦在《助推》一书中认为"用'自由主义'去修饰'温和专制主义'时，我们的本意是要维护自由"，"应当激励人们去自由选择自己喜欢做的事情，放弃自己不喜欢做的事情"，而"之所以称为'温和专制主义'，是因为选择设计者有理由努力去影响人们行为，以便能够延长他们的寿命，使人们活得更健康、更幸福"。在"自由主义的温和专制主义"中强调通过"助推"的方式去帮助人们选择以实现社会的目标，而不是通过命令和强制的方式进行，是以一种潜移默化的形式改变人们的选择或者人们的行为与动机的方式，其理论基础是，行为经济学中发现的人们行为方式中存在有悖理性的选择和决策过程。在助推中，选择设计者通过向人们提供足够多的、低成本的、最低副作用的自由选择，利用或者改变人们行为中的锚定、认知偏差、风险偏好等固有行为模式，[①] 非强制性地推动人们做出有益的行为。

应用"助推"最有说服力的案例就是奥巴马的总统选战，奥巴马的智囊团队中有一个称为"行为经济学梦之队"的组合，包括了诺贝尔经济学家卡尼曼、著名行为经济学家丹·艾瑞里和"助推"的提出者泰勒和桑斯坦，因为他们更了解人的行为模式和行为心理，帮助奥巴马的竞选团队在传递讯息、控制舆论和动员选民上起了不小的作用。另外一个典型案例就是通过改变默认选项，提高了劳动者参与401K社会保障计划，帮助劳动者做出了对自己劳动保障最有利的选择。其他的应用还体现在器官捐献、孩子择校和升学、环境保护推广上，甚至还包括人们不经意听到的数字、不留心看到的路面，都体现了"助推"的效果。

7.5.2　我国政府信息管制的情况

（1）逐步趋向一体化监管，改变多部门"碎片化"监管

2009年我国出台了《食品安全法》，标志着我国食品安全监管进入了一个新阶段，对食品安全的监管进入了法制化轨道。2013年之前，我国食品安全的行政监管是按照一个监管环节由一个部门监管的原则，采取分段监管为主、品种管理为辅的方式进行，由国务院成立食品安全委员会对全国食品安全进行

---

① 卡尼曼的著述《思考，快与慢》中有相关模式的系统论述，中信出版集团股份有限公司2012年出版。

总的规划和领导；由卫生部承担食品安全综合协调职责，组织查处食品安全重大事故；由农业部负责农产品生产环节的监管；由国家质量监督检验检疫总局负责食品生产加工环节和进出口环节的监管；由国家工商管理总局负责食品流通环节的监管；由国家食品药品监督局负责餐饮、食堂等消费环节的监管。可见，我国食品安全管理涉及到数个部门，当面对食品安全问题时呈现出"碎片化"的状态，导致"十几个部门管不好一桌饭"的尴尬局面。颜海娜（2010）从交易费用视角分析政府部门之间相互推诿扯皮现象后认为，食品安全监管的机会主义行为来源于部门主体之间行为协调规则的模糊性所导致的不确定性以及协调过程中正的交易费用，就此提出了集中权限、减少监管部门数量、从国家层面进行统一协调管理的建议。

分段监管将自然的食品供应链人为切割为若干段进行监管，强制将相关的物流、信息流划归到不同部门负责，必然会出现监管的边界不清和保护部门利益的情况。通过改革组织结构来减少监管部门，进行集中统一决策，从政府组织角度看是一种减少交易费用、提高垂直监管效率的有效手段；从信息传递的角度看，统一的组织结构减少了部门之间的信息传递，避免了部门之间隐匿信息的风险，提高了内部信息的传递效率；从上文提到的市场系统整体来看，食品安全面临的本质问题仍然是消费不能获取信息的问题，集中的管理也有利于消费者直接与单一的责任部门交流，减少了信息搜寻成本，并且集中的管理组织能从供应链整体角度分析质量安全，发布的信息也能够更加全面和准确，由此，这也提高了市场中信息发布和反馈的效率，从而利于外部信息的传递。

可喜的是，2013 年国务院机构改革中，新成立了国家食品药品监督管理总局，其整合了国务院食品安全委员会办公室和国家食品药品监督管理局的职责、国家质量监督检验检疫总局的生产环节食品安全监督管理职责、国家工商行政管理总局的流通环节食品安全监督管理职责，原先的"九龙治水"式分段监管，逐步趋向了一体化，整合为了"三驾马车"，农业部负责食品源头的农产品质量安全监管、食药总局负责生产流通和消费端的监管、卫计委负责风险评估与标准制定。机构整合后全国的食品安全信息传递的环节减少、协调难度降低，消费者获得信息的渠道更加直接，人民群众与政府监管部门的对话也更加便利。

（2）政府信息披露不到位

政府的信息披露不足表现在两个方面，一个是政府自身信息公开不足，信息发布的效率不高——当前政府信息管理中，更强调内部政府部门之间的信息交流，对外向市场发布信息的途径和手段还存在不足，对外向消费者披露自身信息较少，政府部门监管的过程、处理食品安全事故的流程等内部信息消费者难以获得。之前由于监管"碎片化"，国家卫生部、农业部、质检局和工商局官方网站上很难完整查到食品质量安全信息，消费者获得信息支离破碎，难以客观评价身边的食品安全问题。

二是缺乏集中的信息发布平台，缺乏与消费者的互动交流。国家目前仍然缺乏一个能够及时、完整、权威发布各类食品安全问题的平台，目前发布的信息更多的是部门单方面向外公布，信息发布的渠道和形式也比较单一，特别是在新的网络环境下，没有利用新的媒体传播形式及时发布权威消息，致使一些农产品安全问题的谣言广泛传播。信息发布过程中，没有建立良好的与消费者互动交流的反馈机制，消费者对某些专业问题缺乏认知，容易产生困惑，加之又缺少反映途径，即使获得了信息也不能减少消费者对食品安全的顾虑。

7.5.3　食品安全中的信息"助推"手段

上文中提到食品安全具有公共物品属性、信息不对称性和负外部性，需要政府进行干预以遏制市场失灵，而政府恰当的食品安全监管行为是提供信息并加强反馈，通过一系列不损害市场自由的"助推"手段帮助消费者选择安全食品。在中国具体的环境中，政府监管部门还存在一些不足有待改进，而在改进过程中有不少"助推"可以运用。

(1) 建设统一政府信息平台，发布权威信息

消费者选择时，更多用直觉思维系统进行思考，根据过去的固有思维模式在最简路径下进行决策，这样会依赖业已形成的印象，比如更倾向传统、经验或者专家，因此权威的信息很多时候会左右人第一选择。权威信息的发布，并不排斥消费者通过其他渠道获得信息和选择产品，只是为消费者提供了获取政府部门信息的便捷通道，政府通过发布具有公信力的信息帮助消费者选择、为消费者提供有益的参考，显然是一种恰当的提供信息的助推方式。

通过一个权威的信息平台发布信息，能够减少消费者的信息搜寻成本，也能降低消费者对不同信息的困惑。在"碎片化"状态下，不同政府部门发布不同信息，消费者需要花费很大精力去搜集相关信息，也需要很高的专业知识

来区分和辨别信息，而在统一的信息平台下，消费者获得的信息更加便捷和有效，消费者在选择产品时也能有的放矢，直觉上分辨和拒绝市场中不安全的农产品。

同时，统一的信息平台必将会促进政府食品安全管理部门的整合。因为只有通过集中管理减少不同政府部门间的信息隐匿行为，才有统一发布信息的可能，为了用一个声音向外传递信息，则需要集中的组织管理体系。而部门的整合不但减少了内部交易费用，而且也使群众在面对食品安全问题时"问路有门"，为消费者提供了便利的社会服务。

（2）鼓励信息沟通技术应用，拉近农户与消费者心理距离

新技术在食品安全管理中起到了重要作用，新的生产技术、保鲜技术能够更好地提高农产品的质量水平，新的检测技术能更加快速和准确地发现不安全物质，而新的信息技术对缓解农产品信息不对称有着巨大的促进作用。政府鼓励农户、生产企业和流通企业在产品上应用最新的信息识别认证技术，比如添加含有信息的识别码，也是一种拉近与终端消费者心理距离、获得消费认知的助推方式。

在消费端，把二维码等追溯标识加在产品上，消费者通过移动设备获取相关信息，比如产品生产过程、生产者的农场和家庭、生产者的照片等，弱化生产者和消费者之间的物理隔阂，以增进消费者的了解并加强对购买产品的认同；而在种植养殖端，将会购买农产品的消费者信息传递给农户，比如消费人群中的孩子和老人的照片，也能够获得农户的同情，助推农户更安全地实施生产；对于生产加工和流通中，信息追溯的意义就更不言而喻了，上文已经论述了追溯作为传递信息方式产生的作用。政府推动应用此类信息技术的方式，并没有限制消费者的选择，也没有干扰农户的生产，但是增添了信息的内容，这也是引导消费者和生产者心理认知的一种助推。

（3）组织群众参与，助力市场发展

在第五章中分析消费者认知对企业质量投入影响时，提出了加强消费者组织建设的建议，而在此再提出组织消费者，所表现的则是一种利用社会群体从众行为进行助推的过程。作为社会人的消费者做选择时都有一种从众行为，会轻易地受到别人的影响，比如跟着胖人吃东西会吃得更多。这其中的社会影响在于两个方面：一是信息传递上，别人的行为在向外传递着一个信息，因此大

部分人能从别人发出的信息中获取到自己需要的东西，通常情况下这些做法是不错的，自己会认为十分适合自己的观点与情况，于是自己也采取相同的行动；二是同侪压力的原因，如果人非常在意别人对自己的看法，那么人有很大的可能性会随波逐流，以避免旁人对自己的非议。

通过群众自发形成的集体，组织成员在一起学习农产品相关知识，强调不安全农产品的危害，为他们提供购买安全有保证的食品途径，再通过若干引导因素，比如让组员自己检测农药残留、亲自下田间劳动等方式，助推组织成员购买质量安全更有保障的农产品。这种相互作用有利于群体选择食用安全农产品、协力维护身体健康，也是应用了适宜方式助推消费者进行合理的选择。

本 章 小 结

（1）本章引入了对自由市场和政府干预的理论争论，归结到政府有限干预并促进市场的方式，之后以食品安全的具体特点为依据，如信息不对称、负外部性、公共物品属性，分析了需要政府干预的理论基础，但同时又强调了政府干预的边界，认为更需要市场机制来促进食品安全，提倡在政府的帮助下，推动企业生产被市场认可的安全农产品，促进消费者在市场中自由选择符合偏好的安全农产品。

（2）应用系统动态反馈分析的方式，深化了需要政府提供信息并加强市场反馈的建议，否定了一味加强政府监管和执法并提高产品强制标准的行为，阐释了食品安全作为一个社会系统问题，其并非简单的是市场参与者的失误和恶意所为，而是背后的体系结构问题，强化信息交流和反馈才是该问题的高"杠杆解"。

（3）建立了一个政府负责检测并发布信息对供应链质量投入影响的委托代理模型，得到的结论与前面章节的结论存在着逻辑的一致性，证明了信息技术、中间收购价格、市场销售价格、消费者认知水平对提高在质量管理中的投入有着积极的作用。

（4）依据行为经济学的相关理论，解释了"自由主义的温和专制主义"下自由市场和政府干预的意义，认为政府对信息的促进是一种十分适宜的"助推"手段，根据目前我国政府在食品安全信息管理中的"碎片化"和披露不到位的问题，提出了集中统一发布食品安全信息、鼓励信息沟通技术应用和消费者群众组织的发展等助推手段。

概而言之，在自由市场中，政府干预在所难免，但政府只能在促进选择自由的前提下进行干预，政府需要做的是设计好的选择体系保护自由市场。在现代经济全球化、技术飞速进步和社会群体的多元化之下，任何自以为是的硬性强制性措施或者愤世嫉俗的自由放任都难以立足，只有以自由为前提的柔性助推才是唯一合理的道路。

第八章

新信息技术与食品安全
信息传递的耦合研究

  2012 年的中央一号文件突出了科技在农业中的重要地位，鼓励包括信息技术在内的先进科技在农业产业中的推广运用。在信息技术大发展的新时期，通过信息化带动农业现代化，将新的信息技术与传统农业相结合，是我国农业在第三次科技浪潮中实现跨越式发展的最佳路径。物联网和云计算是信息工业中的领头行业，它们在第三产业中以提供服务的形式实现利润，如果再在农业领域得到恰当的应用，则将会形成一、二、三产业共同发展的良好局面，推动我国农业现代化的发展。农产品质量安全的本质问题是信息不对称，而信息技术有利于信息的传递和增加供应链的透明度，因此信息技术天然地契合于治理食品安全问题。

  农产品质量安全信息传递可以通过简单的记录、填表、盖戳等形式进行，但是这种方式容易受人为因素的干扰，手工填报的信息表容易出现笔误、遗失等情况，在基础条件比较差、文化素质比较低的广大农村地区对信息的记录和填报就更加流于形式。信息科学科技的进步，特别是以物联网和云计算为代表的新一代信息技术的萌芽和发展，为农业的发展提供了良好的科技支撑。新的信息技术对于本书研究的质量安全信息管理来说，无疑是重大的利好，它不但能够降低生产环节的信息记录难度，而且能够提高流通、销售、监管过程中的信息传递效率，比如利用物联网技术能够自动获得农业种植养殖过程中的信息，免去了农户自己做信息记录和填报的复杂过程，同时也能自动完成记录流通和销售的信息，让购买产品的消费者和助推市场的政府管理者都能获得全过程的信息。

  前文分别从企业、消费者、农户和政府角度论述了信息对促进农产品质量安全的重要性，也分析了若干加强供应链主体相互之间信息传递的作用机制，在这章将把这些相应的机制通过构建一个理想的基于物联网与云计算的质量安全信息管理体系来完成。对于农产品质量安全问题来说，新的信息技术十分契合，这不仅体现在经济学原理上的对应，并且物联网和云计算的特点也十分适合农产品供应链信息传递机制中的诉求。比如物联网具有的信息追溯能力，能够方便高质量企业向外传递足够多的信息，也更利于政府搜集和披露全面信息，云计算简捷的用户服务功能可以实现农户和消费者的广泛参与和相互沟通。

8.1　安全信息管理的发展趋势

2002 年农业部要求建立免疫档案管理制度，2003 年国家质检总局启动"中国条码推进工程"，2010 年商务部推出"肉菜流通追溯体系"。经过十多年发展，国内追溯体系初见成效，农业部农垦局在 24 个垦区实现了 7 大类、140 多个农产品品种可追溯，商务部分 4 批在 50 个城市进行了试点，2014 年还把目前的肉、菜流通追溯体系扩展到酒类、奶制品、水果及水产品等产品。目前的追溯用了很多先进的技术手段，比如南京建立了农产品质量 IC 卡监管体系，上海市建立了以耳标和免疫证为主要载体的猪、牛、羊免疫标识体系，国家编码中心建立了"EAN/UCC 编码体系在蔬菜安全可追溯性信息系统的应用研究及示范工程"，在山东、云南开启了 RFID 射频识别技术在食品安全追溯中的应用。从食品安全信息系统的推广应用和实践发展中，发现当前食品安全追溯系统表现出了两个趋势：

第一，追溯的质量要求逐渐提升，信息的长度、深度和精度提高。随着食品安全类型的增加和市场需求的升级，追溯体系的要求也逐步提高，对信息的完备性要求更严。食品追溯系统的广度、深度和精确度全面提升，追溯覆盖的品类逐渐增多，从最早的牛肉发展到了各种初级农产品和加工食品；追溯的纵深逐渐延展，从最早的企业信息延展到了流通过程、加工过程甚至原材料的投入；追溯的精度越加细化，从追溯产地、厂家和时间精确到了化肥施用量、作物生长周期、地理位置、实时温度等数据。

第二，追溯的规范和标准日益严苛，使用技术愈发先进。为了厘清种类和内容越加繁芜的追溯信息，强化追溯的效率，国际和国内完善了追溯的标准，逐步提高了食品追溯系统的信息技术水平。早期只是要求必须有详细的纸质记录，之后逐步要求进行电子化的操作，并按标准建立电子档案，其后又制定了如 GSI 标准体系等食品追溯体系标准，甚至专门制定了追溯方面的法律，对可追溯的技术指标进行监管。当前很多先进的信息技术被应用到追溯体系中，建立了有关数据库，开发了多种食品追溯信息系统，还在应用 IC 卡、二维码、无线传感器甚至生物信息识别技术。

8.2　宏观层面的耦合机理

在食品安全追溯体系的发展中，信息技术发挥了非常重要的作用，通过物联网、云计算等新技术进一步提升食品追溯的能力，是契合时代发展、理论本质和社会治理体系的举措。

8.2.1　符合现代农业发展的需要

世界科技革命浪潮的前阵是信息技术，应用先进信息技术于追溯体系，是提升我国农业科技水平，促进农业现代化和信息化的需要。党和政府十分强调科技在农业中的重要地位，鼓励信息技术在农业产业中进行运用，提倡"建设以农业物联网和精准装备为重点的农业全程信息化和机械化技术体系"①。在信息技术大发展的新时期，通过信息化带动农业现代化，将新的信息技术与传统农业相结合，是我国农业在第三次科技浪潮中实现跨越式发展的最佳路径。物联网和云计算是信息工业中的领头行业，它们又在第三产业中以提供服务的形式实现利润，如果再在农业领域得到恰当的应用，则将会"接二连三"形成一、二、三产业协同发展的良好局面，推动我国农业现代化加速发展。

8.2.2　契合食品安全管理的理论实质

食品安全问题从经济学上分析，本质在于信息不对称，而先进信息技术的技术特点和运作模式的优势，就在于能够更好地获取食品生产信息，所以这在理论原理上支持了追溯系统应用先进信息技术。由于食品安全具有信任品属

---

①　来源于中共中央、国务院发布的《关于全面深化农村改革加快推进农业现代化的若干意见》，http：//www.gov.cn/gongbao/content/2014/content_2574736.htm，2012 – 01 – 19。

性，它很难被消费者事后感知，要根本解决食品安全问题还需要安全产品获得消费者的信任，向消费者传递可查验的产品信息，与消费者建立良好的互动沟通，而物联网的优点在于实现物品之间的连接，云计算则有强大的计算能力，这些都有助于农产品供应链中信息的传递和共享，更好地保证信息的准确、完整、真实，强化消费者和企业之间的信息沟通和反馈。

8.2.3　紧随社会治理体系的发展方向

公开、开放、透明的多元治理体系是食品安全综合治理的方向，信息传递效率更优、交流手段更多的新型信息技术，与该体系结构更加匹配。未来食品安全的监管不再由政府一家承担，传播媒体、社会公众、行业协会和科研机构将群策群力开展多层次的监督，进行多主体的信息传递、多角度的信息加工以及多维度的信息交流。如此体系下，数据处理的量级将以指数的方式增长，当前的数据存储方式和计算方式都难以适应新的体系，而云计算分布式的数据存储、大数据的计算方法，则为未来食品安全治理体系结构提供了可行空间。

8.3　微观需求层面的耦合

8.3.1　不同相关主体的需求解析

（1）食品安全操作的源头——农户的需求

农户是食品供应链最前端的主体，负责农产品在第一道环节的质量安全，拥有生产农产品的私有信息。首先要面对如何将分散的农户有序组织起来，激励农户积极主动地参与追溯体系，发挥系统的规模收益的问题。为解决这个问题，采用的技术要能够承担以下任务：

第一，能够大范围和大规模地为农户使用。农户生产地域分散、农户人数众多，需要信息体系要能够覆盖足够大的范围，满足众多农户的使用；第二，追溯体系的使用成本和技术门槛不能太高。农户经济条件有限，知识文化水平不高，接受新技术能力较弱，系统实施不能给农户增加过多费用，也不能有太高的技术难度；第三，使用操作简单，便于记录和管理。一般农户没有测算和记录生产信息的意识，需要系统尽可能简化获取数据的过程，提高农户使用技术的便利程度，减少农户由于习惯固有生产方式而产生的对追溯技术的排斥心理。

（2）过程跟踪和反馈——企业的需求

加工和销售企业是供应链的主要环节，一方面，目前的食品安全事件中企业违规施用食品添加剂的问题最为突出，需要加强追溯；另一方面，质量安全好的企业为了获得消费者的认同，会传递一般企业难以披露的信息，以实现差异化经营。需要追溯技术能够：

第一，跟踪并及时反馈产品信息。现代企业为了完成全过程质量管理，需要使用追溯系统跟踪产品从生产到销售全过程的数据，及时发现在过程中出现的瑕疵，追溯源头、弥补安全漏洞；第二，包含准确完整的质量信息。企业为了实现与其他企业的差异化，不仅需要向消费者传递足够多的信息，而且还要求系统能够采集尽可能多的产品信息，更好地分析消费者偏好，更有针对性地提高产品质量，提升市场竞争力；第三，建设投资少、部署快，系统维护简单。企业进行信息化建设，追求最优的投入和产出比，尽可能利用已有的基础设施和设备，快速完成系统部署，降低后期维护费用。

（3）信息获取和沟通——消费者的需求

消费者的好评才是对产品质量的最高认可，消费者获取产品质量安全信息并认同企业产品，反过来还将进一步促进企业提高质量水平。因此，如若系统能提高消费者的质量信息获取能力，则将提升社会福利。

第一，简洁直观地提供关键信息。普通消费者对食品安全辨识能力不足，难以抓住质量安全的核心信息，并且，随着各种移动设备的普及，消费者偏好使用移动终端接收图片、动画或者视频等动态和直观的信息，所以需要追溯信息系统进行筛选并提供直接信息；第二，良好的互动和反馈。消费者需要便捷的交流渠道与生产企业建立互动，询问消费过程中的疑惑，交流使用心得，甚至参与企业组织的市场活动，营造"消企"双方良好互动的氛围；第三，利于消费者形成组织团体。现代网络社会中，消费者之间消费体验的交流越发频繁，追溯体系可以成为消费者的一个交流平台，介绍和推荐附近的消费购买团体，促使同类消费者结成有力的消费社群。

（4）完善的信息和权威的监管——政府的需求

政府负责违法行为监管，追究妨害食品安全的不法行为，还要提前预防危害发生，减少社会损失。对于政府而言，先进的信息追溯体系不只是一种提高监管效率的方法，更是一项公共基础设施工程。

第一，信息传递过程完整，责任追溯到位。为了应对突发的食品安全事件，抓住危害源头，追查不良企业，政府需要通过系统查询到产品的完整转移记录，清楚每个过程的转移情况，能够追查到产品危害环节，及时隔断问题产品，阻止其向下游扩散；第二，获取详实数据，发布权威预警信息。政府需要从宏观的角度对食品安全进行分析，掌握足够细致和全面的数据，通过权威的信息发布平台，在第一时间向社会公众准确发布信息，完成食品安全的事前预警；第三，基础建设成本不高，社会效益好。政府投资进行食品安全追溯体系的基础建设，既要体系的建设成本合理，又要具有良好的社会效益，兼具安全保障和其他社会功能。

（5）可信数据和便利交流——多元主体的需求

食品安全问题由于其危害的广泛性和信息不对称性，公众在信息获取不准确的情况下，通过现代信息传播渠道，很容易以讹传讹产生社会舆论危机，乃至引发群体事件，影响社会和谐。所以，食品安全治理能力的提高，依赖社会多主体开展协同合作。

第一，取得可信的信息。社会不同主体获取及时、准确的数据，发布真实的信息，对维持社会稳定至关重要。大众媒体需要快速获取可靠信息，及时发布真实消息稳定社会情绪，进而激励监管者和企业在危机中正向努力。科研机构在食品安全中承担着知识核心的角色，需要有可靠的渠道采集真实的数据，用科学的方法向公众客观解释问题；第二，多方沟通交流顺畅的平台。各主体看问题的角度不同，使用的信息不同，交流的手段也多样，需要有多方交流的平台，帮助各方完成观点的表述和交流，因此，需要以现代信息技术为保障，建构有高效信息处理、信息共享能力的多方交流平台。

8.3.2 新信息技术耦合不同需求的分析

物联网能够高效感知和获取物体信息，通过互联网将所有物品连接起来，实现对物品智能化的识别、定位、跟踪、监控和管理，满足了追溯体系采集信息和跟踪物品的基本需求；云计算利用分布式计算和虚拟资源管理等技术，通过网络将分散的信息和计算资源集中起来形成共享的资源池，因而具有超强的计算和存储能力，能够满足追溯体系逐渐增加的数据任务；云计算在任务完成后能再将资源重新释放，用户规模和应用服务的增加并不增加使用成本，所以还能减少硬件设备的维护费用；大数据以新的范式和新的算法进行计算，基于应用对足够多的变量和数据进行观察，采用人工智能挖掘规律、学习知识、产生智慧，能更快速和科学地处理大规模、多种类的数据，满足社会对食品安全风险的预测和判断的需要。新技术的特点与各主体的需求对接，具体如图8-1所示。

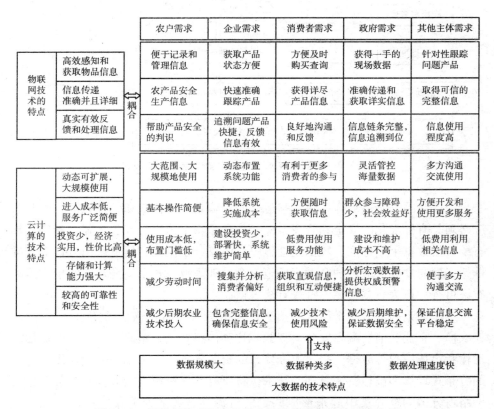

图8-1 新信息技术与食品安全信息传递系统的耦合分析

8.4 新信息技术下食品追溯体系的模式

在新信息技术的引领下，未来将形成大数据下腾"云"驾"物"的食品安全追溯体系，通过物联网广泛采集供应链中涉及食品安全的全方位多角度数据，以高效的云计算为核心搭建数据计算平台，结合大数据技术，完成各方所需的计算处理、服务应用和交流沟通的任务。在实现这个过程中，形成新的食品安全追溯体系的模式。如图 8－2 所示。

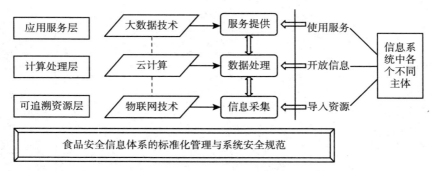

图 8－2　新信息技术下食品安全追溯体系的模式

现代食品安全追溯体系建立和运行的保障是数据标准和管理规范，因此系统必须具有标准化的安全和管理指标。从食品安全顶层设计的角度，新模式具有统一的数据采集标准、数据处理程序、信息分享流程和信息使用接口等基础框架，面向食品供应链的全过程实施安全管理规范，各个追溯环节的指标能够有证可查、行为有章可循、管理有法可依。

追溯体系内部分三个层次：第一，利用物联网高效感知物品信息的优势，在农户、企业和消费端布置各类智能芯片和传感器，采集农户生产、企业加工运输和市场消费等数据，搭建追溯体系的资源基础层；第二，体系使用云计算的分布式计算和虚拟资源管理等技术，将所有数据资源进行分类和封装，通过网络将分散的资源集中起来形成共享的资源池，完成对采集数据的存储、分类、更新、同步、纠错、监管、保密等处理，形成追溯体系的计算处理层；第三，系统利用大数据技术，在面对整体和全部的海量数据，以及照片、视频、音频和传感器数据等非结构化数据时，以新范式和新算法进行计算，基于应用对足够多的变量和数据进行观察，更体贴地完成服务。

追溯系统外部表现出来的则是各个追溯主体的操作行为和服务应用，系统中各主体借助物联网，把各自的硬件资源、软件资源和核心能力以数据的形式导入追溯体系，再由云计算转化为追溯中可用的信息，最后在大数据技术的帮助下，不同主体各取所需，使用追溯体系提供的多种形式服务，完成各类追溯任务。

8.5　促进信息管理体系发展的策略建议

首先，在宏观规划思路上，建议国家把食品安全信息追溯体系作为一项基础的公益性工程来抓。食品安全信息追溯体系不仅是政府管理食品安全的一种具体手段，而且还是增进整体社会福利的公共工程，因为新技术下的信息追溯体系通过对接不同需求，能够起到提高农户收益、优化企业生产流程、增加消费便利和强化多主体交流的作用，所以，这种具有正外部性的体系，理应是利国利民的信息基础设施。

其次，在制度建设上，重点完善信息追溯制度和标准、开放数据接口。制度上需要突破利益壁垒，保证信息追溯体系的统一性和开放性。虽然国家有食品信息追溯的标准条例，但是当前具体施行的标准并不统一，各个地区和各个企业使用的数据类型、数据接口有较大差别，这些差别阻碍了食品安全信息的共享。在这些差别背后，实质是各利益主体试图圈占食品追溯的利益、降低自身的安全风险，导致追溯的整体效益受到损害。政府作为一个改革的主导者，需冲破利益壁垒，强制规定基础的追溯规范和数据标准，增强追溯体系的兼容性与开放性。

最后，在应用推广上，建议综合协调、多管齐下地激励各主体参与信息追溯体系。当前国家虽然对标准化建设、质量追溯、冷链物流等有专项补贴和支持，但是诸多政策之间缺乏有机整合和协同推进，建议把产品的标准化建设补贴与追溯体系扶持、冷链物流扶持等政策组合起来，合力促进各主体既提高产品质量，又使用标准的信息追溯技术、提高整体信息化水平。另外，在市场中，提议配套一些奖励和宣传措施，鼓励消费者使用追溯体系进行监督，倡导消费者查询和使用追溯体系；鼓励信息服务企业合理利用国家追溯平台的数据，进行软件和应用的开发，创造更多的市场价值。

本 章 小 结

当前先进信息技术在食品安全追溯中的应用，不仅是时代的要求，也是各方主体的需求，腾"云"驾"物"处理食品安全大数据是未来的发展趋势。应用新信息技术建立食品安全追溯体系，从源头到餐桌对食品情况进行跟踪，记录各个环节的食品安全责任主体的行为，追究发生问题食品的法律责任，提高消费者和社会公众的参与性，是治理食品安全和提高社会收益的有效措施。诚然，并不能靠某单一技术来完成信息追溯体系，我们还需要搭配以相应的政策支持和协调管理，综合地来解决食品安全中各种已知和未知的问题。

第九章

主体间质量安全管理机制
构建的案例研究

  从第四章至第七章分四个章节分析了农产品供应链各个环节之间的关系，从理论上描述了企业的信息披露、消费者的信息认知、农户参与信息的共享和政府对食品安全信息的助推。按照"理论—实践—理论"的知识累进逻辑，这一章将回到真切的现实，选择一个案例来进行充分的剖析，通过对农产品供应链各主体的实地调研，分析各主体具体的行为效果，在比较既有的理论假设之后，找出能更适合当下情境的理论解释。

  食品安全事件产生的影响越来越大，对农业和食品企业来说一起食品安全事件就可能是致命的，不仅是企业经营会受到严重冲击，企业经营者也会受到严厉处罚，政府监管者也要受到处分。近年来发生的食品安全事件中，2008年的三聚氰胺事件无疑是一个让后人警醒的典型例子，三聚氰胺事件发生后，三鹿集团遭到社会谴责和行政处罚，企业倒闭转卖，负责人锒铛入狱，政府相关部门领导受到严厉追责。恶劣的事件给人以警示，面对食品安全这个当前亟待解决的问题，需要市场中各个参与者齐心协力才能做好。

  从目前收集的食品安全事件情况来看，在种植、生产、运输到销售各个环节都有不同的问题发生，所以在应对食品安全问题时，需要从农产品供应链系统的角度来应对。食品安全作为社会系统中的问题，质量安全信息在传递中面对严重的不对称，受到各种因素的干扰。从农户到企业，再到消费者，最后到政府，信息在此过程中面对的情况各不相同，农户和企业之间是农户是否愿意参与信息共享的问题，企业和消费者之间主要是企业是否披露更多的安全信息的矛盾，消费者进行的是如何获取并信任食品安全信息的选择，而政府所要做的是如何开放更多自身信息以及如何助推食品安全信息体系的决策。因此，本章将通过案例来分析一个农产品供应链系统如何保障食品安全。

虽然当前食品安全事件频发，但是整体趋势在逐渐好转，市场中出现了一些各主体联合起来共同促进农产品质量安全提高的好典型。相对于能够暴露食品安全薄弱环节、事后吸取教训查漏补缺、减少食品安全管理缺陷的恶性事件，好的案例则能够激励市场主体加强食品安全管理，在积极提升质量的同时获得更多的利润，引导农产品市场整体向着安全、高效的良性方向演进。本章将关注目前市场中做得好的例子，希望通过剖析一个能够切实保证农产品质量安全的供应链，为农产品供应链在质量安全控制上提供好的方法借鉴，归纳在保障农产品质量安全过程中农户、企业、消费者和政府的作用和做法，回答如何才能实现一个优质农产品供应链的问题。

本章将在第一节提出案例的研究假设，第二节说明本案例的研究设计和研究过程，第三节将对案例展开详尽的分析，第四节对问题进行归纳总结，最后分析研究的意义和缺陷，提出未来研究设想。①

9.1　案例研究框架

食品安全的问题在前文相关理论分析中已经进行了较为详尽的综述，本章将更多对已有的实证研究进行归纳，分别对农户、企业、消费者和政府四个方面相互作用的实证文献进行分析，总结出共性的因素以提出本章案例分析的研究假设，如图 9 - 1 所示。

9.1.1　研究对象

目前供应链食品安全问题的实证研究中，多是针对一个主体展开分析，少有多主体之间相互关系的研究，较多的是探讨两者之间的相互作用，比如农户和合作社之间加强质量安全的行为（吕志轩，2008；方秋平等，2011；蔡荣等，2012），政府规制行为对农户的影响（姜励卿，2008；和丽芬等，2010；王志刚等，2011），农户和消费者之间的信息不对称问题（王华书等，2004），政府监管和农业企业质量安全控制行为（胡求光等，2012）。

---

① 本章的案例来源于作者的实地调查，调查对象是位于北京延庆的一家名为绿富隆的蔬菜企业。

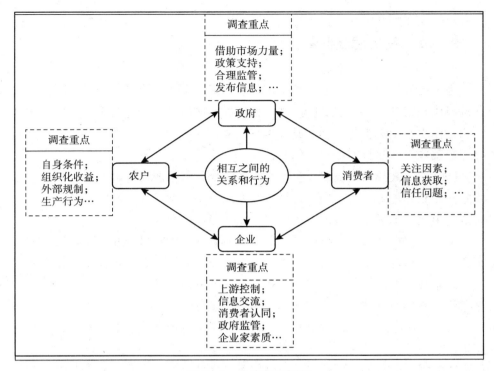

图 9 - 1　本章研究框架

　　研究中缺乏将整个供应链各方攒接起来的叙事，只有以一个主体为主，分析其他主体如何作用于该主体的研究，如布兹比（Buzby，2001）分析影响企业食品安全控制行为的市场环境因素、政策环境因素和法律环境因素，周洁红等（2011）通过政府、上游组织和消费者来分析蔬菜供货商行为，彭广乾（Guangqian Peng，2011）研究农业企业中"企业—供应商"与"企业—客户"之间的信息交流形式、相互关系和绩效，代云云等（2012）运用结构方程模型分析政府、市场及组织监管对农户蔬菜质量安全控制行为的影响程度。

　　目前的研究中，虽然在理论上提出了食品安全是一个系统工程，需要考虑到供应链方方面面的动机和行为，但是在实证研究中还缺少对整个供应链各方的综合研究，没有将农户、企业、消费者和政府结合起来考虑四者之间动态关系的实地调查和实证分析。而本书的研究，将选择这样的一个供应链，通过案例分析这四者的互动，探寻一条保障农产品质量安全、促进农产品质量水平提升的路径。

9.1.2　研究思路框架

为了回答如何建立一个良性发展的、质量安全的农产品供应链的问题，本书选择以绿富隆为代表的供应链进行整体的案例研究，通过对供应链四个主体的相互作用和影响机制的全面调查研究，来发现各主体作用的关键环节，并阐释一套整体提升质量安全水平的方式。

已有的研究视角上较缺乏整体性和系统性，本书的研究将通过解析各个主体如何受到其他主体的影响，来分析四方的互动如何形成质量安全的农产品供应链。由此，本书的分析划分成了四个相互联系的单元。

第一，根据第六章的结论，本书在此主要观察农户质量安全生产行为，考察农户自身条件、农户参与合作社的收益、产品的市场销售情况和政府的规制，调研观察农户的行为和与农户相关的其他方面的情况，寻找企业、政府和消费者对农户的有利于信息共享和传递的影响方式。

第二，就企业而言，本章主要观察有利于企业披露信息的因素，解析企业披露信息的直接和间接行为。针对企业质量安全控制行为与影响因素的研究，本书关注企业质量控制中的有关方面如下：把握上游的产品品质，获得消费者认同取得较高收益，政府的外部作用，还需要有自身质量控制方法，以及企业家的责任意识和企业家精神。

第三，对消费者认知产品安全的研究，由于现有的实证研究发现有很大一部分消费者有购买高品质农产品的意愿，也愿意比一般农产品多支付一些费用，但是消费者只有得到能够可以信任的信息后才会将意愿转化为行动。所以，在对消费者的研究中，本章根据第五章的结论主要把握的就是消费者关注因素和获取信息的问题。

第四，政府规制行为的相关研究，已有文献强调了政府的统一整体管理，并提倡更多利用市场力量发挥企业自主性来净化食品市场。因此，在本章的研究中将观察政府如何发挥企业的自主性来促进食品安全水平的提高，以及如何管理和发布相关信息。

9.2　案例研究设计

9.2.1　研究方法

　　农产品质量安全问题是一个牵涉到多环节的问题，要从系统的角度对农产品供应链全局进行研究，回答如何做好农产品质量安全和为什么能形成高质量水平的农产品供应链等诸如此类"如何"和"为什么"的问题，案例研究的方法更加合适（Eisenhardt，1989；Yin，1994）。国内的社会环境有其复杂性，特别是面对食品安全这种涉及到政府形象、农业生产和社会消费的宏大而又敏感的问题时，难以将研究对象与具体情境分离，这类主题也适合采用案例研究的方法（Yin，2003）。因此，本书将运用案例研究方法进行分析。

　　在目前的研究中对农户和消费者采用了大样本抽样调查进行统计研究的实证分析方法，在企业环节分析上不但有具体企业的案例研究也有一些大样本的实证研究，而对于政府行政行为的研究则案例研究更为恰当。选择一个涉及农户、企业、消费者和政府的具有代表性的典型案例进行研究，可以加深对同类供应链的理解，有助于捕捉和追踪在实际问题中涌现出来的新问题和新现象，更好地审视所提出的研究框架（Pettigrew，1990；Yin，2003）。更重要的是，目前各方协力共同促进食品安全进步的例子实为凤毛麟角，本书作者在前期调查了青岛和深圳一些食品安全较好的企业，但是其中出现更多的是某一方至多是两方的努力，缺少这种多方互动来保障农产品质量安全的案例，难以对供应链进行全面的考察，所以，本书在此进一步确定进行单案例的研究。

　　可以在一个研究中使用两种研究方法，例如在案例研究中运用到调查法，各种研究方法并不排斥（Yin，2009）。在我们的单案例研究过程中，也对企业关联紧密的农户和消费者运用了调查分析的方法，以便更好地判断基本的情况并佐证研究设计中提出的概念。

9.2.2　案例选择

　　本书选择以北京绿富隆合作社为核心的蔬菜生产供应链作为案例研究对

象。在选择这个案例的过程中，研究小组综合考虑了案例的典型性、资料和数据的可得性等问题。

（1）案例的典型性

案例提供的是在极少情况下研究某种研究现象的重要机遇（Eisenhardt，2010），由于随机抽样无法抽出满意的样本进行案例研究（毛基业等，2010），所以根据理论抽样选择的案例要求具有重要性和代表性（Yin，1994）。

本书选择的案例是以生产和销售蔬菜为主的绿富隆公司，其典型性在于产品特点和企业经营。首先，从产品特点上来看，蔬菜是人们日常消费量非常大的一类农产品，相关质量检测的技术手段比较成熟，能够发现和确认蔬菜产品的质量安全问题。蔬菜产品本身具有一些特殊性，表现在以下五个方面：第一，新闻媒体十分关注蔬菜问题，对市场中蔬菜食品安全事件的报道比较频繁；第二，政府对蔬菜市场的管理很谨慎，需要经常对不同市场进行抽检，调控蔬菜的产量和价格；第三，消费者特别在意购买的蔬菜产品质量安全，甚至在选购蔬菜时还留意菜叶上的"虫洞"以判断农药施用情况；第四，农户种植过程对蔬菜质量安全的影响非常大，蔬菜的种植、施药、采摘等工作都由农户完成；第五，企业牵头的合作社不但要管理控制农户产品的生产，加强对消费者的销售和宣传，还要按照政府标准对产品进行自检，企业在蔬菜供应链中发挥着承上启下的作用。

其次，选择以绿富隆为核心的供应链是因为其在农产品质量安全管理上较有成效，提供的蔬菜产品在质量安全方面十分有保障。北京市绿富隆公司是一个以蔬菜种植、生产、加工、销售、配送及进出口贸易为主的农业产业化龙头企业，公司成立于2002年，注册资本3300万元，总资产3个多亿，公司自身拥有有机蔬菜基地、蔬菜种苗基地、天敌昆虫研究所、有机肥厂等完善的生产和研究场地，与中国农业科学院、中国农业大学等科研单位有长期的合作关系。"绿富隆"商标被认定为"北京市著名商标"，获得国家商务部授予外贸进出口经营权，得到了几乎农产品所有的质量认证，比如有机产品认证、良好农业规范 GAP 认证、良好农业生产规范认证（CQM）、质量管理体系认证（HACCP）、ISO9002 质量认证、ISO14001 质量认证等多项质量认证。特别是，在 2008 年奥运会期间，绿富隆被指定为奥运蔬菜供应商，承担了为奥运会供菜的任务，在产品质量控制上得到了全社会的认可。

另外，绿富隆生产园区所在的延庆县是首批国家有机产品认证示范创建县，被北京市规划定位为生态涵养发展区，拥有生产安全蔬菜、发展优质农业的大环境。并且，北京拥有两千多万常住人口，消费市场广阔，部分社区居民收入水平和文化素质较高，对蔬菜品质具有较高的要求和认知，同时绿富隆还在部分社区采用直销模式来直接面对消费者，所以能够获得消费者最直接最完整的反馈。

（2）资料和数据的可得性

第一，绿富隆有现代的经营理念，注重与外部交流，建立了企业网站，对外发布了企业宣传资料，比如企业的视频资料、宣传画册等，从企业本身获取信息十分便利。第二，绿富隆是一家具有国企背景的农业企业，企业参与了很多公益活动，与政府、科研机构交流频繁，获得公司公开资料的途径多样，企业在媒体上出镜率也较高，能够获悉较全面的企业经营状态。第三，绿富隆与作者所在单位有长期的合作，能够经常与企业相关部门保持联络，获取企业不同方面的情况。第四，绿富隆在北京市海淀区有销售网点，生产园区离市内只有一个小时车程，往来开展实地调查方便。

9.2.3　数据采集

在数据采集过程中采用了规范的资料收集方法，收集到了大量的资料，比如通过与相关人员访谈、跟踪观察、实物检测等收集一手资料，以及在公司网站、企业宣传手册、宣传视频、媒体报道、其他机构的报告中拿到二手资料。多样化的信息和资料来源能够对数据进行互相补充和交叉检验（Yin，2003），构成"证据三角形"（Patton，1987），减少了共同方法产生的偏差，提高了案例的构建效度（李飞等，2011）。为了获得真实的情况，笔者在研究过程中收集的资料主要包括5个部分：

（1）相关人员的访谈。第一，与企业管理者访谈。研究中以研讨会的形式与绿富隆总经理、总经理助理、副经理、联合社主任、财务部经理进行了3次集中座谈，每次时间在2小时左右，为了了解公司全面情况和经营思路，专门与总经理进行了1次时长1.5小时的面对面访谈，另外还与其他管理人员就专业问题进行了共计7人次的访谈。第二，与企业的1位科研人员和2位基层工作人员进行了谈话交流，谈话时间约为半个小时。第三，与政府农业局、科委、商委等相关部门负责人举行了1次座谈会，会议进行了2.5小时。第四，对 3 位典型农户和 4 位消费者进行了短时间的开放式访谈，每人约在 10 ~ 20 分钟。条件允许的访谈都进行了录音，没有录音的谈话则进行了笔录，所有谈话资料最后全部整理成文字材料。

（2）实地考察。研究小组对绿富隆的种苗车间、有机肥车间、温室大棚、净菜加工厂进行了综合考察，并且现场品尝了田间的西红柿、黄瓜等蔬菜，还在市区内观察了 2 次在北航社区的销售情况，访问了市内的 2 个物流中心。

（3）跟踪观察。为了能够更全面了解企业蔬菜的生产和销售过程，研究小组 1 位成员专门跟随工作人员在延庆蔬菜园区进行了 3 天的全程跟踪考察，观察了蔬菜的种植、采摘、包装、运输和销售的过程。这两项考察结束后都会进行讨论总结，并形成考察报告。

（4）问卷调查。为了更恰当和全面考察供应链两端的情况，在考察中对合作社中的社员和购买蔬菜的消费者进行了随机抽样调查，发放农户问卷 36 份，有效问卷 32 份，就农户自身情况以及与合作社、政府和消费者的关系进行了调查，发放消费者问卷 100 份，有效问卷 97 份，就消费者自身情况、对优质蔬菜和销售企业的认知等进行了调查。

（5）文献资料。研究中收集到的文献资料主要来自以下途径：一是企业网站发布的内容和企业对外宣传的各种视频和文字材料，二是通过中国期刊全文数据库学术搜索引擎和百度商业搜索引擎，搜索所有与绿富隆相关的论文、报告和新闻，三是从其他科研单位和咨询机构获得的与绿富隆相关的鉴定资料、认证证明、统计报告等材料。

9.2.4 数据分析

为了从大量的定性资料中提炼主题，进而探讨一开始所提出的研究问题（毛基业、李晓燕，2010），本书主要采用内容分析法对访谈和文本资料进行处理（Strauss & Corbin，1998），由于本书已经设计了研究内容，划分了研究单元，所以没有运用质性分析软件进行归纳。在分类过程中，首先，我们将获得的全部资料进行文本描述并形成详尽的文字材料，之后两位研究者通读了所有的材料，借鉴忻榕等（2004）和李飞等（2010）的方法，分别按照研究设计的思路独立地对数据进行了编码和分类，最后再由第三位研究者找出有冲突的项目，三位研究者一起讨论定夺类别。具体的分类和编码方法是：

第一步，对获得的第一手资料和二手资料进行编码，凡是第一手资料都用 F

标记，二手资料用 S 标记，对同样一份资料或者是由同一个人进行的相同和相似的表述都归为 1 条条目，总共得到 203 条目，其中 F 类 157 条，S 类 48 条。

第二步，以研究设计为根据，按照主体不同进行一级编码。从农户处得到一手资料标记为 F1，二手资料反应农户内容的标记为 S1，依此顺序，企业方面为 F2 和 S2，消费者方面为 F3 和 S3，政府方面为 F4 和 S4，其他难以划分的标记为 S5。

第三步，为探讨供应链主体之间的关系，再对不同主体对其他主体的认知进行二级编码。在此以农户编码为例，农户表述与自身相关的内容标记为 F11，农户对企业的描述和评价记为 F12，农户对消费者的表述标记为 F13，农户与政府之间的互动行为记为 F14，农户反映的其他方面的重要影响因素和其他主体之间的相互行为记为 F15。以此类推，标记企业、消费者和政府的条目。由于访谈的人数较多，为了便于区别不同的访谈对象，再对访谈对象进行标号。比如，对于企业访谈过程中，总经理本人对企业内部管理行为的叙述材料则标记为 F22 - 001，总经理助理表达企业与政府之间关系的内容则标记为 F24 - 002。

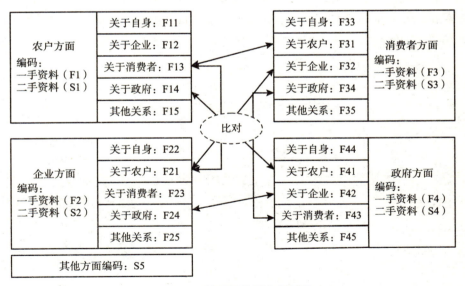

图 9 - 2 编码及数据分析示意

第四步，进行相关表述的比对验证和核实，列出一个相关矩阵，以利于开展下一步的案例分析。例如，定位到企业对自身管理行为的资料 F22，再列出相关主体对企业质量管理行为的描述 F12、F32、F42、S12、S32、S42 进行对比，若存在能证实企业对自身行为的表述，则放入证实一栏，若有否认了企业的表述，则放入否定一栏，之后再从研究者角度展开相应的分析。

9.3 案例分析及发现

案例分析中"要确立一个总的证据分析策略，以降低潜在的分析难度"（Yin，2009），"证据分析的四种基本策略是以理论假设为基础、进行案例描述、结合量化资料和质性资料、检验竞争性解释"（Yin，2009）。本书的研究按照设计好的理论研究框架，应用模式匹配等案例分析技术对案例进行分析，并且从每个主体身上和供应链整体上得到有价值的发现。

9.3.1 农户的质量安全控制行为

农户的行为是在衡量自身收益和成本后的选择，在选择过程中受到了自身因素和社会因素的影响。在此将通过分析农户自身因素、合作社对农户生产成本和收益的影响、消费者的认同和政府监管来了解农户采用安全控制行为的原因，如表 9 - 1 所示。

表 9 - 1   影响农户的质量安全控制行为因素分析

主体	行为与属性	对农户的影响
农户	文化程度低	技术运用能力较低
	年龄偏大	
公司（合作社）	农资集中采购	降低生产成本
	技术培训指导	提高质量技术和产量
	包揽市场销售	减少交易费用
消费者	田间参观采摘	了解需求，提高收入
	交流对话	增加自豪感和信任
政府	严格监管	安全意识加强
	法制教育	
	财政补贴	积极运用安全的方式和资料进行生产
研究发现	农户种植的蔬菜质量安全水平和质量安全风险意识都确实有了提高。产品多方检测合格，农户食用自己种植的蔬菜。	

（1）从农户自身因素上来看，合作社的农户特征并不符合已有研究结论。现有实证研究表明，在受教育程度高、年轻的农户中采用安全农业技术的可能性较大（张云华，2004；周洁红，2007；王慧敏，2011），但是我们在对绿富隆合作社中采用了无公害、有机等种植技术的社员进行调查发现，农户的受教育程度普遍不高，85.7%在高中及以下，农户的年纪也偏大，71.4%在45岁及以上，这与已有的实证研究不相符。公司合作社联络人说（材料F21）"这的农民文化和受的教育都低，年纪也大，有知识、年轻的都出去打工干活了……"合作社农户在自身素质并不完全具备实施安全农产品技术时，其他外部因素也会影响农户采取更好的质量安全行为。

（2）农户得到了合作社提供的支持，降低了农户参与安全种植的成本。农户得到的支持体现在农资采买、技术培训和市场销售这三个方面，帮助农户降低了生产资料的购买成本、技术使用成本和市场交易成本。在农资采购中，合作社直接向厂家大量订购农户生产过程中需要的种子、化肥、农药和工具，降低了农户购买农资成本，同时合作社采购的产品质量更有保障，不会采购存在质量安全隐患的产品。调查资料记录了一位种植无公害蔬菜农户的表述"一般像肥料、有机的农药和种子等，都是公司来提供。价格比自己买多少便宜一些。"农户种植过程中，最缺的就是技术支持，加入合作社的农户能够得到技术上的支持，病虫害、长势不好等问题都能够向合作社咨询，得到农技员的技术指导，减少了自身盲目和过量用药施肥等导致的质量安全问题。农户每年定期得到合作社组织的两次技术培训，在遇到特别困难和突发问题时，技术员还会在田间现场讲解技术问题，手把手指导农户种植，从而使提高农户种菜技术，保证优质蔬菜的产量。一位种植有机蔬菜的农户说"每年都有几次培训，有时候还请专家过来……培训种植技术、质量安全控制、有机肥都有，平时有啥不懂的，经常打个电话问问技术员。"农户种植由蔬菜合作社统一采购和销售，绿富隆公司提前与农户签订订单，按照不同的品级来制定比市场价格高的收购价，然后通过超市、直营店和周末菜场进行销售，农户不用担心蔬菜的销售问题，只用一心种菜，减少了市场风险，降低了农户的交易费用。农户表示"（公司）算是可以，甭管种什么，不用发愁卖得出去卖不出去，价格上也比较合理。"材料表示"合作社当然有帮助，最主要的帮助就是联系销售市场了，帮助种植的产品进入社区消费者，减少了市场风险。还有使用滴灌技术，大大降低了劳动强度。"

（3）农户与消费者有直接交流，得到了消费者对蔬菜质量安全的直接认同。绿富隆公司应用多种手段加强生产源头的农户和终端消费者的联系，通过增加两个主体的相互交流来增进双方的关系。比如绿富隆经常在蔬菜成熟季节组织城市消费者到田头采摘蔬菜，联系农户来帮助顾客选择和采摘蔬菜，在共同劳动中加强了相互信赖，96.7%受访农户表示有消费者到自己地里参观和采摘。两位农户十分自信地说："他们评价都很好，说跟普通的菜不一样。""因为我们的菜都是有机菜，放心菜，没有农药残留之类的……采摘的价格比（给合作社）那个价格还要高。"

（4）农户有政府和其他外部机构的监督和帮助，对食品安全认识加深，应用安全技术更主动。农户种植蔬菜过程中受到政府部门、合作社以及其他机构的监督，检测不合格的蔬菜合作社不会采购，一直要到下次检测合格才会再被采购，特别是有机蔬菜大棚，多次不合格将不再签署采购合约。资料表示"这地里经常有来检查的，植保所、农业局的悄不摸地铲块土、砍棵菜就去检测，还有京客隆的……现在大家都关注这个（食品安全），不能乱来。"农户也会得到政府组织的法律教育，加强法律认识，提高安全种植意识。同时，政府对农户还有很多政策扶持和帮助，为农户提供了蔬菜大棚补贴、有机肥补贴、种子补贴等，比如使用有机肥在政府补贴后每吨是120元，而市场价高达600元，政府这些措施推动了农户使用安全的种植技术。在这方面，有农户表示："政府对蔬菜质量安全的监管很严格，听过很多法律法规，经常上课给我们说……"、"现在对政府补贴的现状比较满意，觉得政府支持力度比较大"、"对政府很满意了，可还希望再多一点补贴，蔬菜卖价再提高点。"

（5）研究发现。通过访问和调查发现，农户种植的蔬菜质量安全水平和自身的质量安全风险意识都确实有了提高。农户按照合作社技术指导的方式种植无公害蔬菜或者有机蔬菜，降低了种植成本，提高了种植收入，从源头上保证了蔬菜质量安全，基本杜绝了化肥农药的滥用，最能说明问题的就是农户自己也食用自己田间种植的蔬菜，没有出在两块地分别种植市场销售和自家食用两种蔬菜的情况。农户"我自己的菜，我进棚，随便摘了就吃了，甚至不洗就吃了，家里的菜和卖的菜绝对一样的啊""我们把（长相）好的卖了，自己吃差一点的，但是都是一块地里的。"

9.3.2　企业的质量安全管理行为

企业在供应链中是一个承上启下的关键环节，首先要帮助农户提高生产安全蔬菜的技术水平，其次需要向消费者销售放心和实惠的蔬菜，另外还要接受政府和社会的监督，努力协调各方行为以促进供应链整体水平的提升。

（1）企业自身对质量安全高度重视，采取了严格的过程质量控制。绿富隆在公司的发展定位中，把为首都人民提供放心蔬菜设立为企业目标，将首都人民对食品质量安全的关切作为了企业使命。笔者在调查中查阅了公司资质认证的原始材料和获奖证明，这些材料间接显示了公司质量过程控制的水平，其中最能体现外界对公司质量管理水平高度认可的就是2008年奥运会供菜商的证书。另外，笔者参观和跟踪观察了公司的检测室和生产加工线，在公司内部设立的专门检测室，能快速完成对土壤和产品的检测，而从国外引进的蔬菜加工生产线，可以保证初加工的蔬菜达到出口的质量安全水准。

（2）企业与农户保持密切合作，为农户提供技术服务和帮助，严格控制上游质量。公司与农户建立了良好的合作关系，取得了当地农民的信任，双方签订合同保持长期合作，避免了单次交易产生的道德风险。公司一位负责人说"我们公司与农民是一种合作关系，为他们提供服务，帮助农民增收，实现双赢。"公司每年与农户签订一份协议，帮助农户统一采购农资产品，免费提供科技技术服务，要求农户按照企业标准种植蔬菜，不定期对产品进行抽查，合格的产品参考市场价格上浮5%~20%收购。公司与农户的合作过程中，更多的是给予农户各种帮助，但是在质量安全过程中并未放松标准。农户说"合作社对全过程提供了很多帮助，到田间地头直接指导，技术项目中全部都管，农资、农药都是合作社提供，什么时候种、使用有机化肥都记录，多长时间浇一次水都有记录。"

（3）企业采用多种形式与消费者沟通，建立全方位的关系，获得消费者信任。绿富隆公司与消费者建立了多种交流渠道，企业不满足于只在销售过程中与消费者形成单一的买卖关系，还通过其他形式与消费者建立了多方位的立体关系。公司为了让消费者对企业质量安全有深入了解，获得消费者对质量的认同，不仅开通电话热线和官方网站，以方便消费者通过电话和网络向公司咨询问题和订购产品，并且在收获季节还组织社区居民到绿富隆基地去参观和采摘，以此提高企业的透明度，让消费者得到产品的切身体验。另外，公司还安排社区家庭困难群众在绿富隆社区直销店就业，既解决了企业用人问题，也与居民建立起互助的良好关系，通过"熟人"去更好地宣传绿富隆。一位参观过绿富隆基地的消费者表示"绿富隆蔬菜环境真好，大棚一片一片的，看完了以后吃起来就放心，这种菜（的种植方式）是以后发展的趋势。"

（4）企业主动接受政府的监督和指导，积极承担和履行社会责任。在政府相关部门按照规定对蔬菜质量安全进行检测时，企业积极配合政府完成对产品的送检和抽检，除此之外，绿富隆还主动地履行着企业的社会责任。比如企业利用自身优势主动参与政府农业科技示范等项目，不但为政府下一步推广安全生产提供了示范，而且也提高了企业自身的安全生产能力；为了保障首都蔬菜市场的稳定，解决部分社区居民买菜难的问题，绿富隆积极响应政府的号召，用运输车直接将放心菜送入社区，既帮助农户销售了蔬菜，又为消费者提供了健康蔬菜，同时还协助政府完成了一项民生工程。"绿富隆是延庆乃至北京市一家优秀的农业企业，得到过中央领导同志的褒奖，为保障北京市的菜篮子和食品安全做出了贡献……"

（5）研究发现。通过多方调查访谈和观察访问，我们发现绿富隆作为一家北京市农业龙头企业对自身的质量控制管理很严格，企业领导把农产品质量安全当作了一种使命。企业与上游农户保持了长期的合作，在为农户提供技术、销售等服务的过程中实现对产品质量安全的控制和管理。企业为消费者提供便利的销售服务，通过多种渠道与消费者交流，拉近了与客户的心理距离，获得了消费者的信任。企业积极主动履行社会责任，配合政府做好了食品安全的监测工作。

表 9 - 2　　　　　　　　　　企业全方位的质量安全管理行为

主体	行为与属性	对企业的影响
公司	将质量安全观念嵌入企业文化	意识和行动上对食品安全高度重视
	农业龙头企业，获得多种质量标准认证	优化公司内部质量安全的控制管理流程
	高标准的硬件设施	实现自身对产品质量的检测和控制
农户	签订合同长期合作	避免道德风险，获得长期收益
	接受多种服务	在提供技术销售等服务的过程中进行产品质量安全控制
	严格按质量标准生产	
消费者	与企业多渠道沟通	增加了企业质量安全的透明度
	形成全方位的关系	获得消费者信任和支持
政府	对企业和产品进行检查	提高企业安全技术水平
	开展示范推广工作	获得更多技术支持
	推进民生工程建设	履行社会责任，树立企业形象
研究发现	企业有着良好的质量安全控制意识，内部有严格的质量控制流程，通过与农户和政府的合作来完善质量安全管理，通过与消费者多渠道沟通来建立关系和取得信任	

9.3.3　消费者对产品质量安全的认知和信任

蔬菜的价值最终由消费者的购买来实现，消费者对蔬菜品质的需求影响着供应链上企业和农户的行为，消费者对蔬菜质量安全的关注也是政府必须面对的社会问题。满足消费者对蔬菜质量安全的需求以及获得市场的信任，是建立质量安全供应链在终端环节所要应对的关键问题，如表 9 - 3 所示。

表 9 - 3　　　　　　　　消费者对产品质量安全认知和信任

主体	行为与属性	对消费者的影响
消费者	把蔬菜的安全和新鲜摆在最重要位置	高度关注农产品的质量安全情况
企业	提供多种购买渠道	方便购买、产生信任
	邀请顾客参观	
农户	协助采摘和观光	加深相互了解
政府	监管生产者	获得更多信息、消费更加放心
	披露安全信息	
研究发现	消费者通过多种渠道长期购买蔬菜产品，并与企业和农户进行多种形式沟通后，了解并信任了绿富隆蔬菜产品	

（1）消费者在蔬菜安全和质量方面关注度高。研究组对绿富隆销售社区中购买者进行了问卷调查，调查了他们对蔬菜的安全、新鲜、品种、价格、口感、交易公平、销售环境、服务态度、购买距离这九个因素的关注程度，并且按照李克特量表把关注程度分为了五个等级，统计 93 份有效数据后发现，蔬菜的安全和新鲜是消费者关注度最高的因素，分别有 73.1% 和 20.4% 的调查对象很关注或比较关注蔬菜的安全情况，新鲜情况对应的关注比例分别为66.7% 和 23.7%。由此能够看出，消费者对涉及自身健康的蔬菜安全和质量状况最为重视。

（2）消费者与企业和农户进行多渠道沟通后，认可了产品质量。社区消费者能够通过周末菜市场、社区直销店和网络订购三种不同方式购买绿富隆的蔬菜，消费者在多次购买和品尝了蔬菜以后，对蔬菜质量有了一定的认可，有消费者在购买产品过程中表示"这青菜真新鲜，叶子多棒……""西红柿闻着都有当年那西红柿味，不像菜场上那种吃了都没酸味……"社区消费者在节假日以组织集体活动的形式，到绿富隆延庆基地进行参观和采摘，与农户一起在田间劳作，深入了解了蔬菜的生产过程，对蔬菜质量安全信任程度有所提高。在社区蔬菜销售的调查中，记录了一段有意思的对话：

甲："这菜今天外边菜场卖比这便宜2毛钱！"

乙："钱都让你拿了，别人还干啥？你看这菜比对面超市新鲜，价也比那低。"

甲："知道这菜好，要不我也不在这排队了，可还是想更便宜些……"

以上对话体现出，消费者信任了绿富隆销售的蔬菜质量，认可了产品的高质量，甚至从企业角度思考问题，对销售和生产蔬菜的企业和农户有了更多的理解。

（3）消费者期望政府加强监管。一位消费者表示"绿富隆的还行，但甭管绿富隆还是哪卖的菜，政府都该管管，咱老百姓哪知道那么多？"这位消费者的话体现了两方面的问题，一方面表明了消费者对绿富隆的蔬菜质量安全有一定的认同，但是消费者在提及蔬菜质量安全管理时，还是认为政府应该在保障蔬菜的安全上尽更多的责任，加强对食品市场的管理。另一方面说明，由于质量安全问题存在严重的信息不对称性，政府作为提供公共物品的一方，需要及时检查并公布蔬菜质量安全情况，保障消费者对食品安全的信息知情权。

（4）研究发现。通过在绿富隆销售社区的调研和访谈，我们发现消费者自身对蔬菜质量安全十分关注，在基本的安全方面希望政府加强监管和信息披露，消费者通过不同渠道经常性地购买绿富隆的蔬菜产品，并与企业和农户进行不同形式的交流沟通之后，对绿富隆提供的蔬菜充满了信任，对产品的质量更加放心。

9.3.4　政府的监管和扶持

政府在食品安全管理中的角色毋庸置疑是十分重要的，但是除了基本的监管巡视和抽样检测外，在对案例的走访和调研中，我们看到更多的是政府的支持和推动。地方政府对采用安全原料和技术的农户不但有技术上的支持，而且还有一定财政上的补贴，对推广先进农业安全生产技术和模式的市场主体，也有专门的资金项目支撑，如表9-4所示。

（1）北京市各级政府高度重视食品安全。北京市政府把食品安全问题当作一项重大政治问题、社会问题和民生工程来抓，相关职能部门采取了一系列措施对食用农产品的质量安全进行管理。北京市早在2007年就出台了《北京市食品安全条例》来监管食品安全问题，在生产源头上有对生产者的日常巡查和检测，在一些超市、批发市场、农贸市场等流通环节也设有快速检测设备进行检测，特别是将检测不合格的产品在"首都食品安全网"上进行统一的发布，市民在网上就能够查询北京市食品安全的情况。

（2）政府对农户和企业进行监督、帮助和扶持。政府在食用农产品的日常管理中，除了按照法律法规进行检查和监督以外，更多的是对农户和农业生产企业的帮扶，比如说，开展免费培训活动，指导农户合理使用农药，推广高效低毒农药和生物防治技术的使用，培养农户建立食用农产品生产记录的习惯等。同时，为了引导农户和企业采用先进安全的农药和生产技术，还设立了专项的财政补贴，并以科研项目的形式支持企业使用先进技术。

（3）为方便企业和消费者的交流提供平台。政府为了支持优质安全的农产品进入社区，运用了很多方式，比如协调销售场地和蔬菜运输车辆、提供廉价的经营店面等，以期望建立一种长期机制来加强企业和消费者的联系和信任。在推广社区车载市场时，当地社区就提前为绿富隆联系了销售场地、安排方便的蔬菜进城运输路线；政府另外还在部分地区专门为合作社提供免费或低租金的店面，支持企业长期销售蔬菜，为消费者和企业交流互动提供更多的机会。

（4）研究发现。现有的研究中，比较关注政府监管中存在的不足以及与之相对应的政策改进方式，而本案例研究发现，在提高农产品的质量安全水平中，政府行为不仅仅应当只是监管，更多的当是帮助和促进生产主体提高质量安全技术水平，为市场提供信息发布平台和多样交流平台。

表 9-4　　　　　　　　　　　政府的行为和作用

主体	行为与作用	产生的影响
政府	高度重视、出台法规	打击力度加强，提高了违法成本
	信息统一发布	社会获取及时详尽的信息
农户	参加政府培训	获得更多技术，降低技术使用难度
	申请财政补贴	更积极运用安全生产方式
企业	接受监管检查	严格安全生产管理
	获得技术支持	提高安全技术应用的积极性
	参与流通平台	经营成本降低，与消费者交流增加
消费者	蔬菜购买方便	更加便利和放心消费
	长期交流	
研究发现	政府高度重视食品安全问题，在生产端，对生产农户和企业不只进行严格监管，更多的是进行帮助和扶持，增加了其应用安全技术的积极性；在消费端，提供便利的产品购买和信息交流平台，提高了互信水平	

9.4　案　例　讨　论

本书以绿富隆合作社为案例的切入点，开展了对安全农产品供应链中各主体的行为和影响效果的研究，本研究在已有的研究基础上取得了一定的进展，在理论和实践上体现出一些价值，但是研究还是有较多的局限性，需要进一步的深入完善。

9.4.1　研究意义

本书与已有研究的不同之处在于探讨了供应链中四个主体之间的相互行为和影响结果，较之于研究两个或至多三个主体之间的相互关系，本书是对已有研究的扩展和深化，研究过程中观察的对象更为多样，涉及的关系也更为复杂。本书在拆解了主体间相互影响的动态行为之后，找到了一条安全的农产品如何建立的方式，解释了绿富隆为什么能形成一条安全的农产品供应链。

本书在研究中把安全的农产品供应链当作了一个动态的系统，并通过四个主体来认识了系统内部的结构，研究的意义在于说明了：

（1）在调动农户积极进行安全食品生产时，需要提供多方面的支持与帮助，激励农户进行安全生产。在调研过程中发现，虽然农户自身有不利于进行种植质量安全蔬菜的因素，但是通过政府、企业的扶持和帮助，农户在安全生产上还是有积极作为的，表明通过外部的激励可以减少农户的机会主义行为。研究发现符合已有实证研究的结论，在对绿富隆的研究中我们看到了加强组织化、提高农户收益、降低农户成本等一系列提升农户质量安全控制水平的激励方式。

（2）农业企业需要将食品安全纳入企业文化，积极主动地加强质量管理和参与民生工程，建立与消费者全面关系。农业企业首先要做好自身的质量控制工作，在思想上高度重视食品安全，灵活采用提供服务的形式约束上游质量，严格按照标准流程控制内部生产。不但在本书研究的绿富隆公司中见到了这样的行为，在已有的研究中，比如万俊毅（2008）对浙江温氏集团的研究中，我们也看到了企业对上游养鸡户的服务和帮助，集团内部严格的禽肉加工和销售流程。而在本书的研究中，我们还看到了企业与消费者建立全方位关系、积极参与民生工程、承担社会责任的行为，而这些行为能够提升企业和产品的形象，是企业在未来获取长久利润的价值源泉。

（3）消费者在市场中应主动去获得更多信息，减少信息不对称。在市场中消费者不会总是作为被动的一方，随着现在群众的权利意识提高，消费者越来越不甘于自身的健康安全由他人掌握，开始更加积极、主动地以集体行动的方式获取信息和选择产品。在本案例研究中，消费者在政府和企业的引导下，开始有了团体组织的雏形，消费者组织起来以参观、采摘、郊游、田间劳作的方式与农户和企业交流，了解产品的真实生产过程，获得详细的产品信息，从而形成对购买产品的信任。

（4）政府除了进行监管外，更需要推动和促进安全供应链的形成和发展。现有对食品安全的研究中，更加强调了政府的监管和执法，指出了监管中的种种问题，但是本书从另外一个角度观察了政府行为，发现政府对于食品安全还可以采取一种促进高质量企业发展的方式，引导农业行业向安全、优质方向发展。

9.4.2　研究的局限性

第一，本书在研究中只选择了一个具有代表性的农业企业来分析如何保障食品安全并提升产品品质，虽然搜集了多种形式的大量资料，但是，必须看到缺乏可以比照的其他案例是本书现阶段难以克服的缺陷。

第二，在研究方法上，本书选择了通过理论综述来搭建解释模型，再按照模式匹配进行分析的研究方法，这种方法可能会由于作者研究范围的狭隘和学识阅历的不足而遗漏某些影响因素。

基于本书已有的研究成果和现实的研究缺陷，今后将在两方面进行补充研究：一是进一步跟踪优秀的安全农产品供应链，增加分析的样本数量，寻找更多能够促进食品安全供应链形成和发展的途径；二是增加在其他食品行业中的研究案例，不把研究仅仅局限在农食产品，可以进一步扩展到食品加工企业。

本 章 小 结

上文将以绿富隆为核心的蔬菜供应链分解为了四个部分来分析，通过研究相互之间的行为作用从整体上发现，构建质量安全的农产品供应链需要各个方面协调合作，整合各种行为得到了图 9 - 3 所示的相互行为关系，下面将以此为基础分析主体间行为隐含的信息传递的过程。

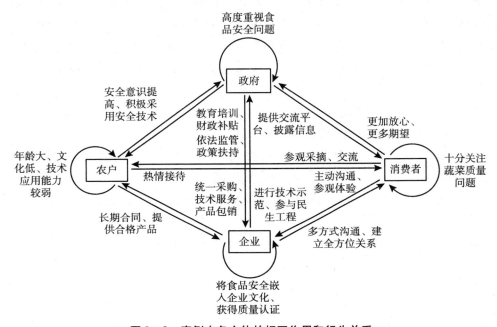

图 9 - 3　案例中各主体的相互作用和行为关系

（1）从农户角度看，农户自身缺乏应用安全生产技术的能力，比如农户因为年龄和文化素质因素，对新技术的接受能力会较弱，提高了安全技术的使用成本。第六章的推理证明显示，要提高农户的参与程度，需要降低农户的参与成本，在本例中，政府和企业对农户的行为就是一种降低农户参与成本的行为，企业向农户提供了技术服务、低成本采购、包销产品直接降低了农户安全资料和技术使用的资金成本，政府向农户进行安全和法治培训，提高了农户在质量安全方面的认识，减少了农户的改变生产习惯的抵触心理，降低了农户参与的间接成本。在第五章和第七章中强调消费者信息获取的作用和政府政策助推中，表明农户和消费者直接沟通能够使农户提升质量安全的责任感，在此案例中发现，消费者和农户通过一系列沟通确实提高了农户对质量安全的控制。

（2）以企业为核心来分析，企业具有生产安全农产品的能力，愿意更多地向外展示实力，敢于通过不同的方式披露信息，比如企业申请了绿富隆蔬菜品牌，获得第三方资质认可，邀请消费者参观企业，甚至雇佣社区居民销售蔬菜，内部质量控制情况完全向消费者开放，该发现与在第四章证明的越是质量安全的企业越要披露信息的观点吻合。企业通过长期合同并以高于市场价格收购蔬菜的行为，也与在第七章分析中发现的中间企业提高收购价格、减少不确定性能够激励上游提高质量安全水平相一致。绿富隆企业作为北京市龙头企业，受到了政府的有力的政策推动和管制约束去完善质量安全管理过程，通过政府的助推企业确实提高了质量控制力度并提高了收益，这一点与第六章分析中第三方对主导企业的推动能够提高社会效益相符合。

（3）站在消费者的立场，由于食品安全直接关系着消费者自身的健康，消费者对食品质量的关注程度十分高，但消费者在市场中处于信息的弱势地位，因而需要获取更多更准确的有关购买的蔬菜安全情况。在本案例中，虽然消费者还没有形成像日本生活协同组织那种有影响力的组织，但是也具有了一些组织的雏形，比如说通过社区居委会的组织去企业参观、社区邻居集体组织采摘等方式进入绿富隆基地去了解蔬菜生产和配送情况。在第五章中运用数理模型抽象地推导了消费者认知对生产企业提高质量的影响，在案例中发现，消费者获取信息并产生信任是消费者影响企业积极性的关键。消费者通过一系列深入沟通和交流，比如长期购买、实地参观、观光采摘等方式，获得了更多有关产品的种植、加工、保鲜等信息后，能够理解并支持企业和农户的一些行为，对绿富隆企业和农户产生了信任，更加愿意消费绿富隆提供的产品，促进绿富隆收入增加，进而更进一步促进企业提升产品品质。

（4）从政府对食品安全管理的视角出发看，食品安全是一个反映政府行政能力的问题，因此政府对此高度重视。恰如第七章讨论的那样，政府在这方面不能仅仅只能制定严格的标准进行监督和处罚，政府更需要的是推动和促进市场主体良性发展。在本案例中，更多地注意到了政府促进安全食品生产和销售的措施，比如对农户的教育和补贴、对企业的扶持和引导、为消费者提供便利购买渠道和信息获取平台，观察这些措施实施后，都取得了一定的正面影响，农户降低了技术使用成本更愿意采用安全的生产资料，企业通过参与示范工程和民生工程获得了新技术并推广了企业品牌，消费者获得了便利的购买渠道、了解到了更多的食品安全信息买蔬菜更加放心。

第十章

结论及展望

本书抓住信息问题，从供应链角度研究了我国农产品质量安全状况。本书首先统计分析了我国食品安全的现状，发现在信息不透明的深加工环节故意添加有害物品的主观行为是食品安全事件频发的节点，这种现象充分表现出信息不对称是食品安全的本质原因。本书重点在于研究供应链中不同主体的信息行为和影响机制，着重分析了企业信息披露行为的价值、消费者获知信息的作用、农户共享信息的激励方式、政府助推信息交流的意义，并通过一个案例验证了所提出的命题。

10.1 主 要 结 论

（1）通过信息传递来推动供应链整体质量安全水平提升，需要做好企业的信息披露、农户的信息共享、消费者的信息获知和政府的信息助推。

本书认为食品安全问题的本质上是信息不对称问题，使得市场机制不能有效发挥作用，再加上政府一些管制措施的失灵，加剧了社会中的食品安全问题。由此，本书认为需要将信息作为着力点来解决食品安全问题，并通过做好供应链主体间的信息披露、信息共享、信息参与、信息交流来促进质量安全水平的提升。

由于在农产品供应链中主要涉及到了四个主体，即农户、企业、消费者和政府，所以要促进质量安全水平的提升，必然需要解决好这四个主体在信息传递过程中的功能，而且需要实现好信息的披露机制、信息获取机制、信息共享机制和信息推进机制。

（2）现阶段食品安全事件处于高发阶段，若要推动企业向优质企业转变，需要提高企业对未来的期望收益、加大对不良行为的惩处。

在第三章中，通过总结近十二年来我国食品安全事件发生的情况，从整体上观察现阶段我国食品安全情况发现，目前我国食品安全处在高发和频发期，而其中94%的事件都是人为主观故意的行为，而且在越难以监管、信息越难以披露的食品深加工环节更容易发生问题。

通过回顾发达国家食品安全的发展历程发现，食品安全在经过一个高发期后都逐步转向平缓，而之所以发生这种转变，不仅有政府加强了监管的原因，也有优质企业在市场中淘汰掉劣质企业的因素。在第三章中，通过建立企业期望效用模型，从微观上解释了企业在市场中转变的原因，得到关于企业转变的基本判断就是：在一定折现率下，如果作为好企业在未来能获得足够大的收益，那么劣质企业也会主动向优质企业转变；如果市场中劣质企业面对的惩罚巨大，那么劣质企业会很快退出市场。

（3）优质企业主动披露质量安全信息、积极与消费者交流信息，能够获得消费者信任并取得竞争优势。

既然食品安全问题逐步好转是趋势，那么优秀的企业在信息应该做些什么呢？围绕本书的研究问题发现，好的农产品企业应该在信息传递上更有作为。在第四章中，分析了优质企业在市场竞争中为了实现差异化经营并获得消费者信任，需要在信息披露中如何作为。在此章节中，通过建立信号博弈模型论证发现，好的企业由于自身具有外界不知道的私有信息，披露信息对企业是有益的，高能力的企业能从披露信息中获益，并且，越是质量高的企业，越要发送足够多的信息，发送一般企业难以模仿发送的信息，让获得信息的消费者能够对产品产生完全信任。

好企业足够的信息披露能够促进市场向优质方向转变，但是如果信息披露不足，就会导致柠檬市场情况出现，所以市场还需要基本的信息披露。在这又包括两方面的信息披露，其一，是政府主动地披露自身信息，建立透明政府，制定完善的法律法规，向消费者公开食品安全方面的监管信息；其二，就是知名的大企业要切实负起社会责任，更积极地与消费者互动交流，更加深入地对自身质量安全控制过程进行信息披露，获得消费者更加充分的信任。就企业向外传递信息的手段而言，虽然"反信号传递"和把时间作为信号都是一种更优的信息传递方式，但是就目前而言，由于我国经历市场经济的时期不够长，也少有经得起时间检验的卓越食品企业，所以当前更应该强调的是企业应用一般的信息传递方法，比如品牌、质量认证、追溯体系和新媒体应用等方法向消费者发送信号。

（4）消费者获知质量安全信息能够促进企业加大质量安全管理力度，应当多样化消费者获得信息的渠道、强化消费者信息交流的组织形式。

安全农产品的价值只能通过消费者购买和认可才能实现，可见消费者获取质量安全相关信息并信任农产品的质量对农产品供应链的影响十分重要。在第五章中，本书针对消费者获得质量安全信息会对农产品供应链产生什么影响这个问题，建立了博弈模型，将市场需求分为了消费者获知产品质量信息和不能获知产品质量信息两种情况，然后按生产商主导、销售商主导和集成决策三种情况分析了供应链有关质量投入和价格的情况。分析发现，当消费者获得能够辨别产品质量的信息时，集成决策的供应链会提高产品的质量水平，而以生产商或是以销售商为主导的供应链则会形成优质优价的局面；当消费者不能获得辨别信息时，集成决策供应链甚至不会进行质量投入，且质量投入和市场价格还会随着价格弹性的变化而会出现不同变化。

从以上分析可见，消费者获得能够辨别农产品质量情况的信息对形成优质供应链是有益的，因此应当通过得当方法促进消费者获得更多和更全面的有关上游供应链在质量安全方面的信息。从国际上经验来看，消费者为了获得真实的质量安全信息，更多的是采取了组织的形式，以集体行动的方式改善在市场里的弱势地位，比如日本的生活协同组合（生协）、美国的社区支持农业（CSA）、韩国的生活合作社等组织。这些方式都是我国消费者获取信息的有益借鉴，但是目前国内还缺乏较好的具有广泛参与性的消费者组织，未来的发展应该以鼓励消费者发扬自主精神，借助已有的社区居委会等平台，有组织地与农业生产者沟通交流，获得更多农产品供应链中种植、加工和运输等信息，以达到放心购买的目的。

（5）减少小农户的参与成本并保证足够多的农户参与，有助于推动信息共享效益的实现。

我国农业生产中存在大量进行小规模分散化生产的小农户，外部很难对他们的生产进行有效的监督和管理，如何能够激励他们参与农产品质量安全信息共享体系是一个难题。本书第六章中，假设以信息追溯为代表的信息共享体系能够产生较多的外部性，通过农户和主导企业的参与能够提高整体的收益，本书建立了一种存在多个农户和一个主导企业参与的"1＋N"模式的体系，应用激励理论进行分析发现，提高农户参与信息共享体系的程度，需要有更多的农户参与，并且需要降低农户参与的成本。

为了达到社会最优的参与水平，政府推动主导企业提高参与程度是一种简便的方法，并且一定程度上能够提高农户的参与程度，但是，在此过程中，必须要注意降低农户的参与成本，如果农户参与成本过高，政府的行为反而会损害社会福利。本书在分析农户参与信息共享中证明发现，主导企业在信息共享中获得的利益更大，推动体系发展中最为关键的还是要进一步减少农户参与信息共享体系的各种显性和隐性成本。

（6）政府应当利用市场手段应对农产品质量安全问题，通过促进市场中的信息交流，助推市场选择安全的农产品。

在市场经济中应当对市场怀有深深的敬意，提倡运用无形之手解决农产品质量安全问题，但是市场并不是万能的，在合适的时机必须有政府的干预。本书在第七章分析了政府恰当干预问题认为，由于农产品质量安全问题具有信息不对称、负外部性、公共物品属性的特点，因此需要政府进行一定的干预，以维护食品安全市场的存在。但是，食品安全问题更多的还是一个市场经济中的问题，本书运用动态反馈基模分析认为，政府的管制不能只是简单的加大监管力度、制定更为严苛的标准等直线式方式，更为根本的"杠杆解"应当是促进市场信息透明、加强消费者对市场中食品质量安全的认同。

政府建立一套促进食品安全信息交流的机制，比如建设统一政府信息平台、鼓励信息沟通技术应用、组织群众参与等方式，就是一种"助推"的管理手段，它既没有伤害自由市场，又主动进行了市场干预。本书认为促进信息的提供和加强与消费者的交流反馈才是助推作用的杠杆，诚如美国大法官布兰代斯所言"阳光是最好的杀毒剂"，为消费者提供必要所需的信息，设计科学合理的选择体系，在自由市场中助推企业和消费者共同去选择安全产品。

10.2　有待研究的问题

受于研究能力有限和思维水平不够，本书能够观察的范围和思考的层次到此即止，希望今后在进一步的研究中能够弥补现有研究的不足。就目前来看，本书也存在不少需要改进的地方。比如，在案例研究中有关研究对象的解析还不够充分，在数学模型条件中还存在不合理的假设，在比较分析和数值模拟中缺少动态的分析。

计划以后开展这两方面的改进：一是加强论文的实证部分的研究，搜集更多相关供应链的案例，进一步深入进行多案例的研究，选择条件适宜的时机，在部分环节展开定量分析，补充实证研究的不足；二是对相关理论模型的条件进行再分析，结合实际选择更合适的假设条件，增加理论模型的动态性和实用性，弥补研究的实践应用不足。

10.3　研　究　展　望

本书在写作过程中，我国食品安全的政府治理结构发生了可喜的重大转变，食品安全的监管方式趋向集中。2013年3月国务院新成立的国家食品药品监督管理总局，整合了以前多个部委的相关职能，全面负责全国的食品生产、流通和消费环节的食品安全监管，同时农业部也整合了部分职能，负责农畜产品源头上的食品安全监管，而新成立的卫生和计划生育委员会则专门负责食品标准和规范的制定统一，新的监管结构将原来食品安全"铁路警察各管一段"，整合为较为清晰的"三驾马车"的方式。这种集中监管职能的办法，能够减少监管部门之间界限的模糊性和监管中的交易费用，就本书研究而言，集中监管能够促进农产品供应链主体之间信息更加透明和高效的传递。笔者乐观的相信，在政府强化了监管方式之后，再经由市场无形之手的调节，在政府、农户、消费者和企业等各种主体的共同努力之下，我国食品安全问题必然将会朝好的方向转变。

在未来，信息技术必将广泛应用于食品安全问题的解决，以云计算和物联网为代表的新兴的信息技术十分契合于农产品质量安全的本质，这不仅体现在经济学原理上的对应，并且其技术特点也适合农产品供应链信息传递机制的需求，比如物联网具有的信息追溯能力能够方便高质量企业向外传递足够多的信息，也利于政府搜集和披露全面信息，而云计算简捷的用户服务功能则可以实现农户和消费者的广泛参与和相互沟通。笔者相信今后必将会出现一个基于物联网与云计算的质量安全信息管理平台来支持各主体的信息交流。

本书在此停笔，谬误虽多，着实已尽所能。最后在此借用托克维尔在《旧制度与大革命》中总结法国大革命原因的方式作为结束，本书认为：没有本书所研究的这些原因，绝对做不好安全的农产品供应链；但是必须承认，所有这些原因加在一起，也不足以解释所有具有高质量安全的农产品供应链。

参 考 文 献

[1] 安玉发，张浩. 果蔬农产品协议流通模式研究 [M]. 北京：中国农业大学出版社，2010.

[2] 安嘉理等. 价值发现之旅 2010——中国企业可持续发展报告研究 [R]. 北京：商道纵横. 2011.

[3] 埃里克. 拉斯穆森（美）. 博弈与信息 [M]. 北京：中国人民大学出版社，2009.

[4] 奥尔森（美）. 集体行动的逻辑 [M]. 上海：格致出版社，1995.

[5] 保罗·萨缪尔森（美），威廉·诺德豪斯. 经济学 [M]. 北京：商务出版社，2013.

[6] 白丽，巩顺龙，谭屹然. 我国农产品加工企业采纳 HACCP 标准的行动模式研究——以屠宰及肉类加工企业为例 [J]. 农业技术经济，2010（06）：98 – 105.

[7] 布坎南. 宪法秩序的经济学与伦理学 [M]. 北京：商务出版社，2008.

[8] 彼得·圣吉. 第五项修炼 [M]. 北京：中信出版社，2009.

[9] 昌忠泽. 对假冒伪劣商品的经济学分析 [J]. 经济科学，1998（03）：84 – 94.

[10] 陈祥锋. 供应链中质量担保决策 [J]. 科研管理，2001（03）：114 – 120.

[11] 陈雨生，房瑞景. 海水养殖户渔药施用行为影响因素的实证分析 [J]. 中国农村经济，2011（08）.

[12] 常志平，蒋馥. 供应链中信息共享的最优范围 [J]. 工业工程与管理，2002（05）：47 – 49.

[13] 蔡荣，韩洪云. 农民专业合作社对农户农药施用的影响及作用机制分析——基于山东省苹果种植户的调查数据 [J]. 中国农业大学学报，2012（05）.

[14] 蔡洪滨，张琥，严旭阳．中国企业信誉缺失的理论分析 [J]．经济研究，2006（09）：85－93．

[15] 崔兆鸣，周黎安．假冒伪劣商品存在下的市场均衡 [J]．经济科学，1995（05）：45－58．

[16] 代云云，徐翔．农户蔬菜质量安全控制行为及其影响因素实证研究——基于农户对政府、市场及组织质量安全监管影响认知的视角 [J]．南京农业大学学报（社会科学版），2012（03）．

[17] 邓俊淼，戴蓬军．供应链管理下鲜活农产品流通模式的探讨 [J]．农业经济，2006（08）：76－77．

[18] 邓俊淼．农产品供应链价值增值制约因素分析——基于农户信息共享视角的探讨 [J]．农村经济，2009（05）：42－45．

[19] 冯忠泽，李庆江．消费者农产品质量安全认知及影响因素分析——基于全国 7 省 9 市的实证分析 [J]．中国农村经济，2008（01）：23－29．

[20] 傅江景．集体腐败的博弈分析 [J]．经济研究，2000（12）：36－42．

[21] 方海．国外食品安全信息化管理体系研究及对我国的借鉴意义 [D]．华东师范大学，2006．

[22] 方秋平，代云云，徐翔．基于组织视角的安全蔬菜生产者道德风险分析——以江苏省为例 [J]．南京农业大学学报（社会科学版），2011（01）．

[23] 范春光．国外食品安全监管制度及其借鉴——建立"从农田到餐桌"的全过程质量信息披露制度 [J]．国家行政学院学报，2008（03）：96－98．

[24] [美] 弗里德曼．自由选择 [M]．北京：机械工业出版社，2008．

[25] [美] 弗登伯格，梯若尔（法）．博弈论 [M]．北京：中国人民大学出版社，2010．

[26] 高山行，范陈泽．反向假冒行为的经济学分析 [J]．预测，2004（01）：26－29．

[27] 高峻峻，王迎军，郭亚军，等．供应链管理模型的分类和研究进展 [J]．中国管理科学，2005（05）．

[28] 房瑞景，陈雨生，周静．农户对溯源信息传递意愿影响因素的实证研究——以海水养殖业为例 [J]．农业技术经济，2011（09）：118－126．

[29] 耿翔宇，李艳霞．我国区域农产品供应链信息系统构建 [J]．重庆交通学院学报（社会科学版），2006（02）：17－20．

[30] 耿春燕．农产品质量安全信息体系建设研究 [D]．山东农业大学，

2006.

　　[31] 巩顺龙，白丽，刘战礼．合作监管视角下的我国食品安全监管策略研究 [J]．消费经济，2010 (02)．

　　[32] [美] 哈耶克．通往奴役之路 [M]．北京：中国社会科学出版社，1997.

　　[33] 和丽芬，赵建欣．政府规制对安全农产品生产影响的实证分析——以蔬菜种植户为例 [J]．农业技术经济，2010 (07)．

　　[34] 胡定寰，陈志钢，多田稔．合同生产模式对农户收入和食品安全的影响——以山东省苹果产业为例 [J]．中国农村经济，2006 (11)．

　　[35] 胡求光，黄祖辉，童兰．农产品出口企业实施追溯体系的激励与监管机制研究 [J]．农业经济问题，2012 (04)．

　　[36] 韩燕．基于质量安全的农产品供应链建设与优化研究——从供应链上的信息正向传递与逆向追溯角度的解析 [J]．调研世界，2009 (01)：24 - 26.

　　[37] 韩丹．食品安全与市民社会 [D]．吉林大学，2011.

　　[38] 韩青．中国农产品质量安全：信息传递问题研究 [M]．北京：中国农业出版社，2008.

　　[39] 黄桂红，贾仁安．生鲜农产品供应链系统反馈结构模型的建立与应用：以赣南脐橙为例 [J]．系统工程理论与实践，2010 (06)：1113 - 1124.

　　[40] 黄涛，颜涛．医疗信任商品的信号博弈分析 [J]．经济研究，2009 (08)：125 - 134.

　　[41] 黄小原，卢震．非对称信息条件下供应链的生产策略 [J]．中国管理科学，2002 (02)．

　　[42] 黄江明，李亮，王伟．案例研究：从好的故事到好的理论——中国企业管理案例与理论构建研究论坛 (2010) 综述 [J]．管理世界，2011 (02)：118 - 126.

　　[43] 华红娟，常向阳．农业生产经营组织对农户食品安全生产行为影响研究——基于江苏省葡萄种植户的实证分析 [J]．江苏社会科学，2012 (06)．

　　[44] 姜励卿．政府行为对农户参与可追溯制度的意愿和行为影响研究——以蔬菜种植农户为例 [J]．农业经济，2008 (09)：46 - 49.

　　[45] 贾愚，刘东．供应链契约模式与食品质量安全：以原奶为例 [J]．商业经济与管理，2009 (06)：13 - 20.

　　[46] 贾仁安，涂国平，邓群钊，等．"公司 + 农户" 规模经营系统的反

馈基模生成集分析 [J]. 系统工程理论与实践，2005（12）：107-117.

[47] 贾仁安，徐南孙，伍福明，等. 作流率基本入树嵌运算建立主导结构反馈模型 [J]. 系统工程理论与实践，1999（07）：70-77.

[48] 贾伟强，贾仁安. 公司与农户双重违约行为的系统反馈基模分析 [J]. 农业系统科学与综合研究，2006（01）：5-8.

[49] [美] 凯恩斯. 就业、利息和货币通论 [M]. 北京：中国社会科学出版社，2009.

[50] [美] 卡尼曼. 思考，快与慢 [M]. 北京：中信出版社，2012.

[51] [美] 科特勒，凯勒. 营销管理 [M]. 上海：格致出版社，2009.

[52] 孔庆演. 考察日本生协、农协的观感 [J]. 商业经济与管理，1985（02）：77-79.

[53] 孔武，王晓敏. 信息系统分析与设计 [M]. 北京：清华大学出版社，2006.

[54] 吕志轩. 农产品供应链与农户一体化组织引导：浙江个案 [J]. 改革，2008（03）：53-57.

[55] 路永和，常会友，衣杨. 供应链上共享信息的分析与设计 [J]. 情报杂志，2004（03）：33-35.

[56] 冷志杰，唐焕文. 大宗农产品供应链四维网络模型及应用 [J]. 系统工程理论与实践，2005（03）：39-45.

[57] 林闽钢，许金梁. 中国转型期食品安全问题的政府规制研究 [J]. 中国行政管理，2008（10）：48-51.

[58] 刘丽伟. 我国发展社区支持农业的多功能价值及路径选择 [J]. 学术交流，2012（09）：100-103.

[59] 刘自新. 经济转型期我国食品安全政府规制的几点思考——以某市豆芽菜生产安全问题为例 [J]. 天津行政学院学报，2006（03）：77-80.

[60] 刘庆贤，肖洪钧. 案例研究方法严谨性测度研究 [J]. 管理评论，2010（05）：112-120.

[61] 刘丽华，杨乃定. 针对案例研究局限性的案例研究方法操作过程设计 [J]. 科学管理研究，2005（06）.

[62] 刘志雄，何忠伟. 信息不对称与农产品市场发育：来自食品市场的经验证据 [J]. 产业经济研究，2006（02）：55-60.

[63] 刘万利，齐永家，吴秀敏. 养猪农户采用安全兽药行为的意愿分

析——以四川为例 [J]. 农业技术经济，2007（01）.

[64] 刘畅，张浩，安玉发. 中国食品质量安全薄弱环节、本质原因及关键控制点研究——基于1460个食品质量安全事件的实证分析 [J]. 农业经济问题，2011（01）：24–31.

[65] 刘畅，安玉发，中岛康博. 日本生协生鲜农产品供应链的变革及其对中国的启示 [J]. 现代经济探讨，2011（10）：88–92.

[66] 刘亚平，蔡宝. 食品安全监管的加强抑或弱化——广州番禺区监管重心下移的分析 [J]. 中山大学学报（社会科学版），2012（06）：177–185.

[67] 刘飞. 制度嵌入性与地方食品系统——基于Z市三个典型社区支持农业（CSA）的案例研究 [J]. 中国农业大学学报（社会科学版），2012（01）：141–149.

[68] 柳思维. 转轨时期假冒伪劣商品泛滥的深层原因 [J]. 经济学动态，1996（09）：32–35.

[69] 凌宁波，朱凤荣. 电子商务环境下我国农产品供应链运作模式研究 [J]. 江西农业大学学报（社会科学版），2006（01）：91–94.

[70] 李飞，贾思雪，刘茜，等. 关系促销理论：一家中国百货店的案例研究 [J]. 管理世界，2011（08）：115–129.

[71] 李飞，陈浩，曹鸿星，等. 中国百货商店如何进行服务创新——基于北京当代商城的案例研究 [J]. 管理世界，2010（02）：114–126.

[72] 李红. 食品安全信息披露问题研究 [D]. 华中农业大学，2006.

[73] 李红. 中美食品安全信息披露对比及启示 [J]. 世界农业，2009（3）.

[74] 李红，何坪华，刘华楠. 美国政府食品安全信息披露机制与经验启示 [J]. 世界农业，2006（04）：4–7.

[75] 李静. 中国食品安全监管制度有效性分析——基于对中国奶业监管的考察 [J]. 武汉大学学报（哲学社会科学版），2011（02）：88–91.

[76] 李保明. 假冒伪劣商品对经济的影响及其治理对策 [J]. 中国管理科学，2000（03）：71–75.

[77] 李勇，任国元，杨万江. 安全农产品市场信息不对称及政府干预 [J]. 农业经济问题，2004（03）：62–64.

[78] 李国杰，程学旗. 大数据研究：未来科技及经济社会发展的重大战略领域——大数据的研究现状与科学思考 [J]. 中国科学院院刊，2012（06）：647–657.

[79] 林丽金. 我国农产品供应链的协调机制研究 [J]. 宜春学院学报, 2010 (10): 37 -41.

[80] 马士华, 林勇. 供应链管理 [M]. 北京: 机械工业出版社, 2000.

[81] 毛基业, 李晓燕. 理论在案例研究中的作用——中国企业管理案例论坛 (2009) 综述与范文分析 [J]. 管理世界, 2010 (02): 106 -113.

[82] 莫里斯. 詹姆斯: 莫里斯论文精选 [M]. 北京: 商务印书馆, 1997.

[83] 欧阳桃花. 试论工商管理学科的案例研究方法 [J]. 南开管理评论, 2004 (02): 100 -105.

[84] 平新乔, 郝朝艳. 假冒伪劣与市场结构 [J]. 经济学 (季刊), 2002 (01): 357 -376.

[85] 彭建仿, 白志礼. 试析涉农供应链中农户与企业的共生定位 [J]. 北京理工大学学报 (社会科学版), 2007 (03).

[86] 乔娟. 基于食品质量安全的批发商认知和行为分析——以北京市大型农产品批发市场为例 [J]. 中国流通经济, 2011 (01): 76 -80.

[87] 全世文, 曾寅初, 刘媛媛. 消费者对国内外品牌奶制品的感知风险与风险态度——基于三聚氰胺事件后的消费者调查 [J]. 中国农村观察, 2011 (02): 2 -15.

[88] [法] 让雅克·拉丰, 大卫·马赫蒂摩. 机理理论: 委托代理模型 [M]. 北京: 中国人民大学出版社, 2002.

[89] 任燕, 安玉发. 农产品批发市场食品质量安全监管分析——基于北京市场的问卷调查和深度访谈资料 [J]. 中国农村观察, 2010 (03): 37 -46.

[90] 任燕, 安玉发, 多喜亮. 政府在食品安全监管中的职能转变与策略选择——基于北京市场的案例调研 [J]. 公共管理学报, 2011 (01): 16 -25.

[91] [美] 森尼尔·乔普拉, 彼得·迈因德尔. 供应链管理 [M]. 北京: 中国人民大学出版社, 2008.

[92] 斯蒂格利茨. 信息经济学: 基本原理 [M]. 北京: 中国金融出版社, 2009.

[93] [美] 西蒙. 管理行为 [M]. 北京: 机械工业出版社, 2007.

[94] 孙小燕. 农产品质量安全问题的成因与治理 [D]. 西南财经大学, 2008.

[95] 孙致陆, 肖海峰. 农户参加猪肉可追溯系统的意愿及其影响因素

[J]. 华南农业大学学报（社会科学版），2011（03）.

[96] 索珊珊. 食品安全与政府"信息桥"角色的扮演——政府对食品安全危机的处理模式 [J]. 南京社会科学，2004（11）：81–87.

[97] 山丽杰，吴林海，徐玲玲. 企业实施食品可追溯体系的投资意愿与投入水平研究 [J]. 华南农业大学学报（社会科学版），2011（04）.

[98] 苏祝成，童启庆. 茶叶交易中的信息问题及其市场纠正——着重于农残问题分析 [J]. 生态经济，2000（12）：45–47.

[99] 施晟，周德翼，汪普庆. 食品安全可追踪系统的信息传递效率及政府治理策略研究 [J]. 农业经济问题，2008（05）：20–26.

[100] [美] 泰勒，桑斯坦. 助推：事关健康、财富与快乐的最佳选择 [M]. 北京：中信出版社，2009.

[101] [法] 托克维尔. 旧制度与大革命 [M]. 北京：商务印书馆，2012.

[102] 涂传清，王爱虎. 我国农产品质量安全追溯体系建设中存在的问题与对策 [J]. 农机化研究，2011（03）：16–20.

[103] 童霞，吴林海，山丽杰. 影响农药施用行为的农户特征研究 [J]. 农业技术经济，2011（11）.

[104] 万俊毅. 准纵向一体化、关系治理与合约履行——以农业产业化经营的温氏模式为例 [J]. 管理世界，2008（12）：93–102.

[105] 万俊毅，黄璨. 农产品质量安全控制的产业化组织运作机制：以温氏模式为例 [J]. 南方农村，2010（05）：16–22.

[106] 王瑜. 养猪户的药物添加剂使用行为及其影响因素分析——基于江苏省542户农户的调查数据 [J]. 农业技术经济，2009（05）.

[107] 王锋，张小栓，傅泽田. 消费者对可追溯农产品的认知和支付意愿分析 [J]. 中国农村经济，2009（03）.

[108] 王芸，吴秀敏，赵智晶. 农户持续参与建立农产品可追溯体系的意愿及其影响因素——基于四川137个农户的调查分析 [J]. 农村经济，2012（09）.

[109] 王谦，黄双喜，郑轶松. 面向信息化效益评价的信息流价值微观分析 [J]. 制造业自动化，2007（12）：1–6.

[110] 王宁，黄立平. 基于信息网络的农产品物流供应链管理模式研究 [J]. 农业现代化研究，2005（02）：126–129.

[111] 王晶，李伊岚，孙海燕. 供应链信息管理研究现状及展望 [J]. 管

理学报, 2007 (02): 235 -242.

[112] 王恒彦, 卫龙宝. 城市消费者安全食品认知及其对安全果蔬消费偏好和敏感性分析——基于杭州市消费者的调查 [J]. 浙江社会科学, 2006 (06): 40 -47.

[113] 王志刚, 翁燕珍, 毛燕娜. 消费者对 HACCP 认证的支付意愿: 基于北京市乳制品市场的调查 [J]. 中国食品学报, 2007 (01).

[114] 王志刚, 毛燕娜. 城市消费者对 HACCP 认证的认知程度、接受程度、支付意愿及其影响因素分析——以北京市海淀区超市购物的消费者为研究对象 [J]. 中国农村观察, 2006 (05).

[115] 王志刚, 李腾飞, 彭佳. 食品安全规制下农户农药使用行为的影响机制分析——基于山东省蔬菜出口产地的实证调研 [J]. 中国农业大学学报, 2011 (03).

[116] 王怀明, 尼楚君, 徐锐钊. 消费者对食品质量安全标识支付意愿实证研究——以南京市猪肉消费为例 [J]. 南京农业大学学报 (社会科学版), 2011 (01): 21 -29.

[117] 王华书, 徐翔. 微观行为与农产品安全——对农户生产与居民消费的分析 [J]. 南京农业大学学报 (社会科学版), 2004 (01).

[118] 王二朋, 周应恒. 城市消费者对认证蔬菜的信任及其影响因素分析 [J]. 农业技术经济, 2011 (10): 69 -77.

[119] 王俊豪. 政府管制经济学导论 [M]. 北京: 商务印书馆, 2001.

[120] 王俊豪, 孙少春. 信息不对称与食品安全管制——以"苏丹红"事件为例 [J]. 商业经济与管理, 2005 (09): 9 -12.

[121] 王彩霞. 政府监管失灵、公众预期调整与低信任陷阱——基于乳品行业质量监管的实证分析 [J]. 宏观经济研究, 2011 (02): 31 -35.

[122] 王慧敏, 乔娟. 农户参与食品质量安全追溯体系的行为与效益分析——以北京市蔬菜种植农户为例 [J]. 农业经济问题, 2011 (02): 45 -51.

[123] 王慧敏, 乔娟, 闫逢柱. 农户参与食品质量安全追溯体系的意愿与影响因素——以北京市蔬菜种植户为例 [J]. 财贸研究, 2011 (01): 19 -27.

[124] 王玉环, 徐恩波. 农产品质量安全内涵辨析及安全保障思路 [J]. 西北农林科技大学学报 (社会科学版), 2004 (06): 11 -15.

[125] 王秀清, 孙云峰. 我国食品市场上的质量信号问题 [J]. 中国农村经济, 2002 (05): 27 -32.

[126] 王晓东. 假冒伪劣的经济学分析 [J]. 经济理论与经济管理，2004 (05)：16－20.

[127] 王成瑞，段富海. 物联网关键技术在食品溯源中的研究与应用 [J]. 物联网技术，2012 (08)：66－68.

[128] 汪普庆，周德翼，吕志轩. 农产品供应链的组织模式与食品安全 [J]. 农业经济问题，2009 (03)：8－12.

[129] 吴旭东，田雷. 关于我国假冒伪劣商品的经济分析 [J]. 东北财经 大学学报，2002 (01)：7－11.

[130] 吴江华，翟昕. 信息共享对供应链合作广告影响的博弈分析 [J]. 中国管理科学，2012 (05)：98－105.

[131] 吴秀敏. 养猪户采用安全兽药的意愿及其影响因素——基于四川 省养猪户的实证分析 [J]. 中国农村经济，2007 (09).

[132] 卫龙宝，王恒彦. 安全果蔬生产者的生产行为分析——对浙江省 嘉兴市无公害生产基地的实证研究 [J]. 农业技术经济，2005 (06).

[133] 卫龙宝，卢光明. 农业专业合作组织实施农产品质量控制的运作 机制探析——以浙江省部分农业专业合作组织为例 [J]. 中国农村经济，2004 (07)：36－40.

[134] 魏国辰，肖为群. 基于供应链管理的农产品流通模式研究 [M]. 北京：中国物资出版社，2009.

[135] 魏秀春. 英国学术界关于英国食品安全监管研究的历史概览 [J]. 世界历史，2011 (02)：110－119.

[136] 夏兴园，萧文海. 论我国经济转型期假冒伪劣的生成机制及其治 理 [J]. 中南财经政法大学学报，2003 (04)：23－27.

[137] 徐玲玲，山丽杰，吴林海. 农产品可追溯体系的感知与参与行为 的实证研究：苹果种植户的案例 [J]. 财贸研究，2011 (05).

[138] 徐建陶，杨琳，金良. 社区支持农业概述及在上海的发展 [J]. 上 海农村经济，2012 (05)：15－17.

[139] 于辉，安玉发. 在食品供应链中实施可追溯体系的理论探讨 [J]. 农业质量标准，2005 (03)：39－41.

[140] 叶飞，徐学军. 供应链伙伴关系间信任与关系承诺对信息共享与 运营绩效的影响 [J]. 系统工程理论与实践，2009 (08)：36－49.

[141] 杨秋红，吴秀敏. 农产品生产加工企业建立可追溯系统的意愿及

其影响因素——基于四川省的调查分析 [J]. 农业技术经济, 2009 (02): 69 – 77.

[142] 杨万江, 李勇, 李丹. 我国长江三角洲地区无公害农产品生产的经济效益分析 [J]. 中国农村经济, 2004 (04): 17 – 23.

[143] 杨小山, 林奇英. 经济激励下农户使用无公害农药和绿色农药意愿的影响因素分析——基于对福建省农户的问卷调查 [J]. 江西农业大学学报 (社会科学版), 2011 (01).

[144] 杨欢进. 信息不对称是假冒伪劣存在的根本原因吗? [J]. 河北经贸大学学报, 2010 (03).

[145] 杨金深, 张贯生, 张春锋. 我国无公害蔬菜的市场价格与消费意愿分析——基于石家庄的市场调查实证 [J]. 中国农村经济, 2004 (09): 43 – 48.

[146] 颜海娜, 聂勇浩. 制度选择的逻辑——我国食品安全监管体制的演变 [J]. 公共管理学报, 2009 (03): 12 – 25.

[147] 颜海娜. 我国食品安全监管体制改革——基于整体政府理论的分析 [J]. 学术研究, 2010 (05): 43 – 52.

[148] 颜海娜, 聂勇浩. 食品安全监管合作困境的机理探究: 关系合约的视角 [J]. 中国行政管理, 2009 (10): 25 – 29.

[149] 颜海娜. 食品安全监管部门间关系研究: 交易费用理论的视角 [M]. 北京: 中国社会科学出版社, 2010.

[150] 员巧云. 涉农供应链管理中的信息流及其控制 [J]. 江苏农村经济, 2006 (06): 54 – 55.

[151] [英] 亚当·斯密. 国富论 [M]. 上海: 上海三联书店, 2009.

[152] [英] 亚当·斯密. 道德情操论 [M]. 上海: 上海三联书店, 2008.

[153] 叶俊焘, 胡亦俊. 蔬菜批发市场供应商质量安全可追溯体系供给行为研究 [J]. 农业技术经济, 2010 (08): 19 – 27.

[154] [英] 约翰·穆勒. 论自由 [M]. 广西: 广西师范大学出版社, 2011.

[155] 喻林, 张明林. 我国农产品质量安全追溯体系发展路径及建议 [J]. 求实, 2013 (05): 41 – 44.

[156] 中国社会科学院. 中国法治发展报告 [R]. 北京: 中国社会科学院. 2011.

[157] 张敏. 论信息化与我国农产品供应链的构建 [J]. 农村经济, 2007

（08）：42 - 45.

[158] 张倩，李崇光. 农产品物流发展的供应链管理模式及对策 [J]. 软科学，2008（01）：91 - 93.

[159] 张霞，毛基业. 国内企业管理案例研究的进展回顾与改进步骤——中国企业管理案例与理论构建研究论坛（2011）综述 [J]. 管理世界，2012（02）：105 - 111.

[160] 张爱，袁治平，张清辉. 供应链企业委托代理问题的研究 [J]. 工业工程与管理，2003（03）：52 - 55.

[161] 张翠华，黄小原. 非对称信息对供应链质量成本决策的影响 [J]. 东北大学学报，2003（03）：303 - 305.

[162] 张维迎. 博弈论与信息经济学 [M]. 上海：格致出版社，2004.

[163] 张云华，马九杰，孔祥智，等. 农户采用无公害和绿色农药行为的影响因素分析——对山西、陕西和山东 15 县（市）的实证分析 [J]. 中国农村经济，2004（01）：41 - 49.

[164] 张新锋，赵彦，徐国华. 供应链中信息共享的管理激励研究 [J]. 管理工程学报，2006（02）：123 - 125.

[165] 张理智. 论假冒伪劣产品的成因及其治理 [J]. 经济研究，1994（01）：51 - 57.

[166] 张维迎，邓峰. 信息、激励与连带责任——对中国古代连坐、保甲制度的法和经济学解释 [J]. 中国社会科学，2003（03）：99 - 112.

[167] 张维迎. 法律制度的信誉基础 [J]. 经济研究，2002（01）：3 - 13.

[168] 张丽华，林善浪，霍佳震. 农业产业化经营关键因素分析——以广东温氏公司技术管理与内部价格结算为例 [J]. 管理世界，2011（03）：83 - 91.

[169] 张小霞，于冷. 绿色食品的消费者行为研究——基于上海市消费者的实证分析 [J]. 农业技术经济，2006（06）.

[170] 张海英，王厚俊. 绿色农产品的消费意愿溢价及其影响因素实证研究——以广州市消费者为例 [J]. 农业技术经济，2009（06）.

[171] 赵荣，乔娟. 中国农产食品追溯体系实施现状与展望 [J]. 农业展望，2010（05）：44 - 48.

[172] 赵荣，乔娟. 农户参与食品追溯体系激励机制实证研究 [J]. 华南农业大学学报（社会科学版），2011（01）：9 - 18.

[173] 赵智晶，吴秀敏，谢筱．食用农产品企业建立可追溯制度绩效评价——以四川省为例 [J]．四川农业大学学报，2012 (01)．

[174] 郑红军．农业产业化国家重点龙头企业产品质量安全控制研究——基于温氏集团和三鹿集团案例比较分析 [J]．学术研究，2011 (08)：90 –95.

[175] 郑风田．从食物安全体系到食品安全体系的调整——我国食物生产体系面临战略性转变 [J]．财经研究，2003 (02)：70 –75.

[176] 郑风田，顾莉萍．我国农产品出口面临的食品安全危机事件实证分析——山东大蒜产业簇群案例分析 [J]．中国农村观察，2007 (03)：41 –50.

[177] 周峰，徐翔．无公害蔬菜生产者农药使用行为研究——以南京为例 [J]．经济问题，2008 (01)．

[178] 周明，张异，但斌．供应链质量管理中的最优合同设计 [J]．管理工程学报，2006 (03)：120 –122.

[179] 周德翼，杨海娟．食物质量安全管理中的信息不对称与政府监管机制 [J]．中国农村经济，2002 (06)：29 –35.

[180] 周洁红．消费者对蔬菜安全的态度、认知和购买行为分析——基于浙江省城市和城镇消费者的调查统计 [J]．中国农村经济，2004 (11)：44 –52.

[181] 周洁红．消费者对蔬菜安全的态度、认知和购买行为分析——基于浙江省城市和城镇消费者的调查统计 [J]．中国农村经济，2004 (11)：44 –52.

[182] 周洁红，姜励卿．影响生鲜蔬菜消费者选择政府食品安全管制方式的因素分析——基于浙江省消费者的实证研究 [J]．浙江统计，2004 (11)：16 –17.

[183] 周洁红，陈晓莉，刘清宇．猪肉屠宰加工企业实施质量安全追溯的行为、绩效及政策选择——基于浙江的实证分析 [J]．农业技术经济，2012 (08)：29 –37.

[184] 周洁红，汪渊，张仕都．蔬菜质量安全可追溯体系中的供货商行为分析 [J]．浙江大学学报（人文社会科学版），2011 (02)．

[185] 周洁红，张仕都．蔬菜质量安全可追溯体系建设：基于供货商和相关管理部门的二维视角 [J]．农业经济问题，2011 (01)：32 –38.

[186] 周洁红，钱峰燕，马成武．食品安全管理问题研究与进展 [J]．农业经济问题，2004 (04)：26 –29.

[187] 周洁红，姜励卿. 农产品质量安全追溯体系中的农户行为分析——以蔬菜种植户为例 [J]. 浙江大学学报（人文社会科学版），2007（02）：118-127.

[188] 周应恒，霍丽玥，彭晓佳. 食品安全：消费者态度、购买意愿及信息的影响——对南京市超市消费者的调查分析 [J]. 中国农村经济，2004（11）：53-59.

[189] 周应恒，彭晓佳. 江苏省城市消费者对食品安全支付意愿的实证研究——以低残留青菜为例 [J]. 经济学（季刊），2006（03）.

[190] 周应恒等. 现代食品安全与管理 [M]. 北京：经济管理出版社，2008.

[191] 周应恒，卢凌霄，耿献辉. 生鲜食品购买渠道的变迁及其发展趋势——南京市消费者为什么选择超市的调查分析 [J]. 中国流通经济，2003（04）：15-18.

[192] 周应恒，霍丽玥. 食品质量安全问题的经济学思考 [J]. 南京农业大学学报，2003（03）：91-95.

[193] 周应恒，王晓晴，耿献辉. 消费者对加贴信息可追溯标签牛肉的购买行为分析——基于上海市家乐福超市的调查 [J]. 中国农村经济，2008（05）：22-32.

[194] 周黎安，崔兆鸣，崔为. 从信息经济学看当前假冒伪劣现象 [J]. 北京大学学报（哲学社会科学版），1996（03）：29-35.

[195] 周艳波，翟印礼，董鸿鹏. 农户对质量安全技术选择行为的影响因素分析——基于辽宁省107户农户的调查 [J]. 农机化研究，2008（03）.

[196] 曾寅初，刘媛媛，于晓华. 分层模型在食品安全支付意愿研究中的应用——以北京市消费者对月饼添加剂支付意愿的调查为例 [J]. 农业技术经济，2008（01）：84-90.

[197] 朱艳. 基于农产品质量安全与产业化组织的农户生产行为研究：以浙江省为例 [D]. 2004.

[198] 钟真，孔祥智. 产业组织模式对农产品质量安全的影响：来自奶业的例证 [J]. 管理世界，2012（01）.

[199] 钟甫宁，易小兰. 消费者对食品安全的关注程度与购买行为的差异分析——以南京市蔬菜市场为例 [J]. 南京农业大学学报（社会科学版），2010（02）：19-26.

［200］［日］植草益. 微观经济学［M］. 北京：中国发展出版社，1992.

［201］Akerlof G A. The Market for "Lemons"：Quality Uncertainty and the Market Mechanism［J］. Quarterly Journal of Economics，1970，84（3）：488 – 500.

［202］Antle J M. Efficient Food Safety Regulation in the Food Manufacturing Sector［J］. American Journal of Agricultural Economics，1996，78（5）：1242 – 1247.

［203］Anania G，Nistico R. Public Regulation as a Substitute for Trust in Quality Food Markets：What If the Trust Substitute Cannot be Fully Trusted?［J］. Journal of Institutional and Theoretical Economics – Zeitschrift Fur Die Gesamte Staatswissenschaft，2004，160（4）：681 – 701.

［204］Bagwell K，Riordan M H. High and Declining Prices Signal Product Quality［J］. American Economic Review，1991，81（1）：224 – 239.

［205］Baiman S，Fischer P E，Rajan M V. Performance Measurement and Design in Supply Chains［J］. Management Science，2001，47（1）：173 – 188.

［206］Baiman S，Fischer P E，Rajan M V. Information，Contracting，and Quality Costs［J］. Management Science，2000，46（6）：776 – 789.

［207］Banker R D，Khosla I，Sinha K K. Quality and Competition［J］. Management Science，1998，44（9）：1179 – 1192.

［208］Barrena R，Sanchez M. Credence Goods，Information and Consumer Abstraction：An Experiment Using Laddering Technique［J］. Journal of Food Agriculture & Environment，2011，9（1）：10 – 21.

［209］Boccaletti，Stefano and Michael Nardella. Consumer Willingness to Pay for Pesticide-free Fresh Fruit and Vegetables in Italy，International Food and Agribusiness Management Review，2000，3（3），297 – 310.

［210］Buzby J C，Frenzen P D. Food Safety and Product Liability［J］. Food Policy，1999，24（6）：637 – 651.

［211］Caswell J A. How Labeling of Safety and Process Attributes Affects Markets for Food［J］. Agricultural and Resource Economics Review，1998，27（2）：151 – 158.

［212］Caswell J A，Mojduszka E M. Using Informational Labeling to Influence the Market for Quality in Food Products［J］. American Journal of Agricultural Economics, 1996, 78 (5): 1248 - 1253.

[213] Dj D, Fong Y. Product Quality, Reputation, Andmarket Structure [Z]. 2010.

[214] Darby M R, Karni E. Free Competition and Optimal Amount of Fraud [J]. Journal of Law & Economics, 1973, 16 (1): 67 - 88.

[215] Eisenhardt K M, Graebner M E. Theory Building from Cases: Opportunities and Challenges [J]. Academy of Management Journal, 2007, 50 (1): 25 - 32.

[216] Eisenhardt K M. Building Theories from Case - Study Research [J]. Academy of Management Review, 1989, 14 (4): 532 - 550.

[217] Eisenhardt K M, Furr N R, Bingham C B. Microfoundations of Performance: Balancing Efficiency and Flexibility in Dynamic Environments [J]. Organization Science, 2010, 21 (6): 1263 - 1273.

[218] Feltovich N, Harbaugh R, To T. Too Cool For School? Signalling and Countersignalling E - 7344 - 2011 [J]. Rand Journal of Economics, 2002, 33 (4): 630 - 649.

[219] Forker L B. Factors Affecting Supplier Quality Performance [J]. Journal of Operations Management, 1997, 15 (4): 243 - 269.

[220] Foster Jr. S T. Towards an Understanding of Supply Chain Quality Management [J]. Journal of Operations Management, 2008, 26 (4): 461 - 467.

[221] Gang X, Shouyang W, Lai K K. Quality Improvement in Competing Supply Chains [J]. International Journal of Production Economics, 2011, 134 (1): 262 - 270.

[222] Golan E, Krissoff B, Kuchler F, Et Al. Traceability in the U. S. Food Supply: Economic Theory and Industry Studies [J]. Agricultural Economic Report - Economic Research Service, Us Department Of Agriculture, 2004 (830): 48.

[223] Harsanyi J C, Selten R. Generalized Nash Solution For 2 - Person Bargaining Games with Incomplete Information [J]. Management Science Series B - Application, 1972, 18 (5): P80 - P106.

[224] Harsanyi J, Selten R. Solution Concept Unifying Theories of Cooperative and Non - Cooperative Games [J]. Econometrica, 1971, 39 (4): 96.

[225] Hsieh C, Liu Y. Quality Investmen and Inspection Policy in a Supplier - Manufacturer Supply Chain [J]. European Journal of Operational Research, 2010,

202 (3): 717 - 729.

[226] Holmstrom B. Moral Hazard in Teams [J]. Bell Journal of Economics, 1982, 13 (2): 324 - 340.

[227] Hobbs J E. Information Asymmetry and the Role of Traceability Systems [J]. Agribusiness (New York), 2004, 20 (4): 397 - 415.

[228] International Telecommunications Union. ITU Internet Reports 2005: The Internet of Things [R]. 2005.

[229] Jeuland A P, Shugan S M. Managing Channel Profits [J]. Marketing Science, 1983, 2 (3): 239 - 272.

[230] Li X, Wang Q. Coordination Mechanisms of Supply Chain Systems [J]. European Journal of Operational Research, 2007, 179 (1): 1 - 16.

[231] Lin C, Chow W S, Madu C N, Et Al. A Structural Equation Model of Supply Chain Quality Management and Organizational Performance [J]. International Journal of Production Economics, 2005, 96 (3): 355 - 365.

[232] Lee H L, So K C, Tang C S. The Value of Information Sharing in a Two - Level Supply Chain [J]. Management Science, 2000, 46 (5): 626 - 643.

[233] Lee H L, Padmanabhan V, Whang S J. Information Distortion in a Supply Chain: The Bullwhip Effect [J]. Management Science, 1997, 43 (4): 546 - 558.

[234] Lin, William, Agapi Somwaru, Francis Tuan, Jikun Huang and Junfei Bai. Consumers' Willingness to Pay for Biotech Foods in China, paper presented at the 9th International Consortium on Agricultural Biotechnology Research (ICABR) in Ravello, Italy, July 6 - 10, 2005.

[235] Luo X, Bhattacharya C B. Corporate Social Responsibility, Customer Satisfaction, and Market Value [J]. Journal of Marketing, 2006, 70 (4): 1 - 18.

[236] Marschak T, Selten R. General Equilibrium with a Monopolistic Sector - Non - Cooperative Approach [J]. Econometrica, 1971, 39 (4): 60.

[237] Milgrom P, Roberts J. Predation, Reputation, and Entry Deterrence [J]. Journal of Economic Theory, 1982, 27 (2): 280 - 312.

[238] Milgrom P, Roberts J. Price and Advertising Signals of Product Quality [J]. Journal of Political Economy, 1986 (94): 796 - 821.

[239] Nelson P. Information and Consumer Behavior [J]. Journal of Political

Economy, 1970, 78 (2): 311 -329.

[240] Peng G. Inter – Organizationl Information Exchange, Supply Chain Compliance and Performance [M]. The Netherlands: Wageningen Academic, 2011.

[241] Pettigrew A M. Longitudinal Field Research on Change: Theory and Practice [J]. Organization Science, 1990, 1 (3): 267 -292.

[242] Ross S A. The Determination of Financial Structure: The Incentive – Signalling Approach [J]. Bell Journal of Economics, 1977, 8 (1): 23 -40.

[243] Rothschild M, Stiglitz J. Equilibrium in Competitive Insurance Markets – Essay on Economics of Imperfect Information [J]. Quarterly Journal of Economics, 1976, 90 (4): 629 -649.

[244] Ritson C, Li W M. The Economics of Food Safety [J]. Nutrition & Food Science, 1998 (5).

[245] Samuelson P A. The Pure Theory of Public Expenditure [J]. Review of Economics and Statistics, 1954, 36 (4): 387 -389.

[246] Spence A M. Market Signaling [M]. Cambridge, Mass: Harvard University Press, 1974.

[247] Spence M. Signaling In Retrospect and the Informational Structure of Markets [J]. American Economic Review, 2002, 92 (3): 434 -459.

[248] Siggelkow N. Persuasion with Case Studies [J]. Academy Of Management Journal, 2007, 50 (1): 20 -24.

[249] Sunstein C R, Thaler R H. Libertarian Paternalism Is Not an Oxymoron [J]. University of Chicago Law Review, 2003, 70 (4): 1159 -1202.

[250] Thaler R H, Sunstein C R. Libertarian Paternalism [J]. American Economic Review, 2003, 93 (2): 175 -179.

[251] Verbeke W. Impact of Communication on Consumers' Food Choices [J]. Proceedings of the Nutrition Society, 2008, 67 (3): 281 -288.

[252] Van Rijswijk W, Frewer L J, Menozzi D, Et Al. Consumer Perceptions of Traceability: A Cross – National Comparison of the Associated Benefits [J]. Food Quality and Preference, 2008, 19 (5): 452 -464.

[253] Viscusi W K, Magat W A, Huber J. Pricing Environmental – Health Risks – Survey Assessments of Risk – Risk and Risk – Dollar Trade – Offs for Chronic – Bronchitis [J]. Journal of Environmental Economics and Management, 1991,

21 (1): 32 - 51.

[254] Xu X W. Optimal Price and Product Quality Decisions in a Distribution Channel [J]. Management Science, 2009, 55 (8): 1347 - 1352.

[255] Yin Robert K. 案例研究：设计与方法 [M]. 重庆：重庆大学出版社, 2010.

[256] Yin Robert K. 案例研究方法的应用 [M]. 重庆：重庆大学出版社, 2009.

[257] Zhu K, Zhang R Q, Tsung F. Pushing Quality Improvement along Supply Chains [J]. Management Science, 2007, 53 (3): 421 - 436.

后　记

依靠本人在博士研究生期间的成果，加之从教之后的一些思考，整合完成了本书。本书成稿之后，不敢说呕心沥血，也不敢去感谢，因为，在稿件整理过程中，发觉失误颇多，甚至有些结论还需要进一步讨论，不堪细读。就这样把内容公之于众，一是没有完全达到预期的目的，自身还有潜力可挖，二是如若此书被同行研读批评、严厉指责，岂不是有愧于所感谢之人？本想如他人后记一般，描述成书不易、感慨良多，但一宿醒来，直视天花板，一寻思，作罢。

本书的研究，如果能对我国食品安全管理和改善有微小贡献，我觉得就是了不起的事情了，简直是奢望。作为一个研究者，虽然自知该书会淹没在浩瀚的知识长河中，并且速度会非常非常之快，但还是幻想这滴水能翻滚一下，仅仅希望该书的出版，能够为同行提供些许的研究基础，甚至是作为一个批判反例也行，这样也算它来过这河中。

今后，本人还将继续在研究道路上前行，发现一点点不一样的事情，攫取前人独到的理论发现，这是很快乐的事情。然而，能力所限，大多只是自娱自乐，不能有啥大发现，写作此书，权当是给自己这几年的学术嬉闹留个册子（其实我还是靠这养家糊口的）。

好了，不赘述了，感谢看到以上几句话的人！

翻阅此书后，如果能够提携敝人学术上进，不胜感激！如果指出不足，促进研究结果完善，不胜感激！如果研究方向志同道合，欢迎联系合作！